인류 대화합을 위한 첫걸음

온 인류에게

천부경의 비밀을 처음으로 공개한다!

"그 사람을 하늘이 알고 있다.
11번째 이르러 이 글을 알려준다!"

雲山 이대진

pnc publishing and culture
피앤씨미디어

요 약

책 제목에서 밝혔듯이 나는 이 책을 통해, 온 인류에게 천부경의 비밀을 처음으로 공개한다. 비밀을 공개하기에 앞서, 천부경이 전해져온 과정을 간단히 알아보자.

천부경은 1만 년 전, 인류 최초 연합국가인 환국의 안파견 환인천제(天帝)로부터 구전으로 처음 전해졌다고 한다. 배달국 초대 환웅천황께서는 천부경을 녹도문(鹿圖文)으로 기록하여 모든 사람들이 우러러 받들게 하였으며, 고조선 3대 가륵 단군께서도 녹도문으로 작성하여 모든 백성들에게 알려 천부경을 잊지 않게 하였다.

그러나 더 많은 세월이 흐르고 왕조가 바뀌면서, 민족의 맥과 역사의식은 사람들의 뇌리에서 희미해져 가기 시작하였고, 천부경 역시 점점 잊혀져갔다. 그런 중에 한민족의 역사 실체를 밝히려던 신라의 최치원은, 바위에 전각된 녹도문의 천부경을 찾아내고, 81자의 한자로 번역하여 후세에 전하였다. 이후 수많은 이들이 천부경을 해석하고 설명하여 왔다.

그러나 어느 누구도 천부경의 참된 뜻을 밝혀주지 못하였다.

그 이유는, 그들은 천부경의 주인공이 아니었기 때문이다.

천부경은 하늘에서 내려주시는 말씀이 있어야 알 수 있는 글이다. 해석해서 알 수 있는 글이 아니다. 그렇기에 천부경 81자가 역사를 통해서 우리들에게 알려져 있지만, 실체를 전혀 알 수 없었던 이유이기도 하다.

그래서 이제 이 책을 통해, 천부경의 비밀을 처음으로 공개한다.

이 책에서 처음으로 하늘에서 내려주신 천부경 81자 말씀 내용을 부록으로 공개하였다. 공개된 일시무시(一始無始)의 가장 첫 번째 글자인 일(一)에 대해, 하늘에서 내려주신 말씀의 서두이다.

그 사람을 하늘이 알고 있다.
11번째 이르러 이 글을 알려준다.

특히 처음 글자인 일(一)의 말씀이기에, 모든 것에 앞서는 첫 번째의 의미도 있다. 이 천부경 첫 번째 글자인 일(一)의 머리 말씀에, 천부경의 핵심이 다 들어 있다.

'**그 사람**'과,
'**그 사람을 알고 있는 하늘**'과,
'**11번째** 이르러 알려주시는 글',
이 세 말씀이 천부경 핵심 비밀이다.

하늘로부터 천부경을 전수받게 되는 '**그 사람**'이 일(一)의 머리 말씀에서 가장 먼저 나온다. '**그 사람**'이 바로 천부경의 주인공이기에, 하늘에서 가장 첫 번째로 언급을 하신 것이다. 너무나 중요하기에 하늘에서 가장 먼저 내려주신 말씀이다.

두 번째는 '**그 사람을 알고 있는 하늘**'이다. 그 사람을 세상에 내어 천부경으로 교육시키시며, 인간과 천지의 염원을 이루어 주시는 하늘이다. 그래서 '**하늘**'은 가장 중요한 천부경 비밀의 핵심이다.

그리고 11번째 이르러 알려주신다는 말씀이다. 첫 번째, 두 번째도 아니고 11번째 이르렀다는 이 말씀은, 자연의 이치에 대한 깨달음을 갖게 하는 비밀의 말씀이기도 하다.

천부경의 비밀이 담겨 있는 이 세 가지 말씀의 키워드에 초점을 두고, 천부경을 11번째로 알려주신 하늘의 말씀을 통하여, 천부경의 비밀을 공개하려는 것이다.

하늘의 말씀에는 그 사람이 먼저이지만, 나는 이 책에서, 그 사람에게 천부경을 알려주시는 하늘을 먼저 전하려 했다.

천부경의 주인공을 세상에 내어 주시고, 신과 인간의 염원을 이루어주시는 하늘을 알아야 한다. 다들 안다고 기도하며 찾아왔지만, 제대로 알지 못했던 하늘님이다.

이 땅에 살고 있는 사람이라면 어느 누구도 예외 없이, 태어나 살아오면서 어려움에 처할 때면, 마음 깊은 곳에서 본능적으로 솟구치는 하늘님을 찾아왔다. 저마다 처한 환경 속에서 하늘님을 찾으며 기도하여 왔다.

때로는 개인의 하늘로, 종교의 하늘로 하느님을 찾고 있었고, 하나님을 찾고 있었다. 천주를 찾았고, 부처를 찾았고, 상제를 찾았다.

그런데, 신과 인간의 으뜸 되시는 그 하늘님께서, 바로 '**그 사람**'에게 천부경을 알려주시며, 이렇게 천명하신다.

나는 하느님이 아니요, 하나님도 아니다.
하늘님이라 하라. 나는 천상천주이니라.

온 우주의 하늘이시며, 신과 인간의 하늘이신 천상천주님께서, 우리 인류 모두에게 너희들이 이제껏 잘못 찾아왔다고 알려주시는 것이다. 하느님이 아니요, 하나님도 아니다 라고 하신다.

하늘님으로 찾으라고 하시고, 나는 천상천주라고 하신다.

그리고 세상 사람들에게, 당연하게 으뜸인 하늘님을 찾으라고 하신다. 밤낮으로 찾으라고 하신다.

낮이나 밤이나 나를 찾으라.
당연히 으뜸인 나를 찾아야지.

천부경의 비밀과 함께, 인류 역사 앞에 처음으로 하늘님께서 말씀을 내려주시며, 스스로를 밝혀 주시는 초유의 사건이 벌어졌다.

여기에는 매우 중차대한 뜻이 담겨 있다. 우리 인류 앞에 불원간 벌어질 대환난으로, 하늘님께서 직접 나서시지 않으면 안 되는 구원의 문제가 있기 때문이다. 하늘님의 말씀을 '**그 사람**'이 전해준다.

〈우리 땅 일부가 일본의 침몰로 인한 바닷물 공격으로 36,000년 동안 침수된다. 우리 한반도를 한번 동해 바닷물이 치고 서해바다로 넘어간다고 하늘님께서 말씀하셨다. 그때 자동으로 통일이 되며, 일본은 씨도 없이 바다 속으로 사라지며, 이때 변화가 있은 후, 중국 대륙으로 진출하라고 하셨다. 이때부터 후천 세상이 시작되는 것이다. 그 일이 시작되면 지구의 인간은 지금의 지식을 잊어버린다고 한다.〉

하늘님께서도 걱정하시는, 인류에게 나타날 대변혁은 인류를 포함한 모든 생명체를 담고 있는 우주의 대변혁이다. 선악이나, 특정 종교나, 이념 문제 등과는 관계없이 인류에게 엄청난 대비겁을 불러오는 무심한 대자연의 변혁이다.

곧 이 세상에 몰아닥칠 대환난 속에 무너져 갈 인류를 구원하고, 새로운 세상을 열라는 글이, 바로 하늘님께서 내려주신 천부경이다. 그렇기에 천부경의 비밀이 이 세상에 공개된다는 것은, 우리 인류가 직면한 대환난과 구원의 비밀도 동시에 세세히 공개된다는 사실이며, 그 시간이 멀리 있지 않음을 말한다.

이 책을 통해서, 하늘님께서 나서시고, 온 천신들과 지상의 모든 부처와 대신명들이 총동원되어 인류를 구원하게 되는 대환난의 실체를 만나게 될 것이다. 먼저 이 책에서 전하는 부처의 말씀 중에, 북한산 승가사의 마애미륵불께서 전해 주시는 말씀이다.

〈동해의 물이 저 아래 공양간까지 물이 들어온다. 그때는 일본은 없어지고, 그로 인한 바닷물이 우리 반도를 치고 넘어가면서 통일이 이루어진다.〉

그리고 서울 은평구에 있는 북한산 자락의 삼천사에 계시는 마애미륵불께서도 매우 걱정하시며 전해 주신 말씀이다.

〈머지않은 세월 시간에, 이 땅에는 아픔과 억울함과 몹쓸 힘으로, 안 편하고 못쓰고 힘겹고, 저 들판에서 아비귀환이 일어나! 안쪽에서 이렇게, 한쪽에서 이렇게, 모두 앙앙앙 울어. 모든 신명들은 다 알고 있다. 그것들을! 나쁜 일 너무 크게 일어난다.〉

이렇듯 너무나도 엄청난 대환난과 구원의 문제가 있기에, 대자대비하신 하늘님께서 천부경을 알려 주시고, 천부경의 주인공을 통해 인류 앞에 처음으로 하늘님을 바르게 밝혀주셨다.

그리고 그동안 굳건하게 닫혀 있는 신과 인간의 경계가 열리면서, 신명 세계의 참된 모습도 모두 드러나고 있다. 그래서 우리가 지금까지 알고 있었던 신의 세계에 대한 모든 생각들도 바르게 정리되어, 앞으로 참된 신의 세계를 만나게 될 것이다.

신과 인간 사이의 바른 소통을 막고 있었던 잡신들이 사라지면서, 사람들도 자연스럽게 정신이 맑아지게 되며, 참된 믿음의 길을 찾아 나서게 된다고 신들은 전해 주신다. 공중에 떠다니는 허명을 쫓으며 헤매던 사람들이, 가을바람에 정신 차리듯 서서히 깨어나, 참됨을 찾아 나선다는 것이다.

나는 이 책을 통해서, 신과 인간의 으뜸이신 하늘님의 모습과 말씀을, 그리고 천신들의 말씀을 인류에게 밝히는 것으로 시작했다. 그리고 신명 세계의 진실한 실상과 말씀들, 지상의 부처들께서 전하시는 말씀들도 처음으로 세상에 알린다.

또한 11번째의 천부경 전수자이자, 인류 구원의 사명을 받은 지도자와 함께 만들어갈 새로운 세상의 모습도, 이 책에서 처음으로 공개한다. 무엇보다 중요한 것은, 그 지도자를 통해 우리 인류가 처음으로 하늘님의 참 모습과 말씀을 접하게 된다는 것이다.

나는, 천명을 받은 지도자를 통해서 알려진 내용을 체계적으로 정리하여, 세상에 천부경의 진실을 전하는 것이다.

다만 초판에서는, 금지시키신 주요 천기 말씀을 제외하고, 대략의 내용을 전하고자 한다. 이 책에서 전하지 못한 천기(天機) 말씀은, 하늘에서 허락하는 범위 내에 새로운 판을 통해 공개할 계획이다.

이 책을 통하여, 한민족의 역사가 품고 있는 놀라운 사실에 대해서 더 명확하게 이해하게 될 것이다. 수많은 과거 역사 허구들의 민낯을 밝히는 소중한 계기가 될 것이며, 안개 속과 같은 우리나라의 역사뿐만 아니라, 세상의 역사도 제대로 이해할 수 있게 될 것이다.

하늘님으로부터 "성운"이라는 명호를 받은 지도자와 지도자를 따르는 무리들의 엄청난 희생과 노력으로 대비겁을 넘어서서, 온 인류와 함께할 대화합의 새로운 역사를 열어나간다고 하신다.

천부경 지일이(地一二)의 이(二) 말씀에서 일부 말씀을 전한다.

시작은 미미해도, 끝내는 조선이 '성운'의 힘으로
엄청 큰 하늘의 땅이 되려니,
그렇게 넓혀서 우주 한 가운데 모든 이목을 받고서,
천천세 우주네.

지도자는 대환난 속에 살아남은 인류들을 규합하여 새로운 나라를 건설하고, 과거 환국의 나라 영역은 물론 나라의 광역을 더 넓혀서 우주 한 가운데 모든 이목을 받게 되며, 천천세 이어지는 나라를 만들어 나간다고 축복의 말씀을 하늘님께서 내려 주시고 계시다.

부산 기장군 오랑대에서 해동의 용왕께서 이런 말씀을 주신다.

〈이제부터 수명이 장수한다. 무궁한 나라를 이끌어 나가라. 대마한을 건설하고 자유를 신봉하는 나라를 꼭 세우거라. 그리고 항상 웃음꽃이 피는 나라를 만들거라. 약속의 땅은 하늘의 의지로 넘고 넘어가야 한다. 약속의 땅을 꼭 만들거라. 부국 강산을 꼭 이루거라. 나는 너희들이 꼭 잘 할 것을 알고 있다.〉

모든 신들의 염원이 담겨 있으며, 하늘님의 천명이자 은총이 11번째 천부경이다. 이 인류에게 처음으로 밝혀주시는 참 하늘님의 말씀을 통해, 그리고 지도자가 전하는 신명들의 말씀을 통해, 천부경의 진정한 가치를 확연하게 알게 될 것이다.

이 책에서는 하늘님의 말씀은 굵은 글씨체로 정리하였고, 대신명과 부처들의 말씀은 굵은 글씨체이되, 문장 앞뒤로 〈 〉로 표시하였다. 그리고 지도자가 전하시는 신의 말씀은 일반 글씨체에, 〈 〉로 표시하되, 모든 말씀들은 글자 크기를 더 크게 하였다.

천부경은 하늘님이신 천상천주님께서 우리 모든 인류에게 내려주시는 말할 수 없이 크고 크신 대화합의 사랑과 은총이 담겨 있는 말씀이다.

천부경에 대한 기존의 수많은 해석과 말들은 내려놓고, 인류를 구원하며 새로운 세상을 열어주시는 참 하늘님이신 천상천주님 말씀을 통하여, 지혜와 안목이 새롭게 열려, 대화합을 위한 참다운 길을 찾아 나서기를 바란다.

저자 雲山 이 대진

차 례

1

11번째 이르러 이 글을 알려준다!

(1) 천부경이 세상에 나온 이유

그 사람을 하늘이 알고 있다. 일시(一始)의 일(一) 말씀 중

옛날부터 이 땅에 전해오는 천부경에 대해 한번쯤은 들어보았을 것이다. 어떤 분들은 한자(漢字)로 이루어진 81자의 천부경을 읽어보았을 수도 있을 것이다. 다음 페이지의 [그림 1]은 연합뉴스가 보도한 북한 백두산에서 발견했다고 하는 대리석 천부경이다.

먼저 간단하게 천부경이 전해온 과정을 보면, 천부경은 1만 년 전, 인류 최초 연합국가인 환국의 안파견 환인 천제(天帝)로부터 구전으로 처음 전해졌다고 한다. 배달국 초대 환웅 천황께서는 천부경을 녹도문(鹿圖文)으로 기록하여 모든 사람들이 우러러 받들게 하였으며, 고조선 3대 가륵 단군께서도 녹도문으로 작성하여 모든 백성들에게 알려 천부경을 잊지 않게 하였다.

그러나 더 많은 세월이 흐르고 왕조가 바뀌면서, 민족의 맥과 역사의식은 사람들의 뇌리에서 희미해져 가기 시작하였고, 천부경 역

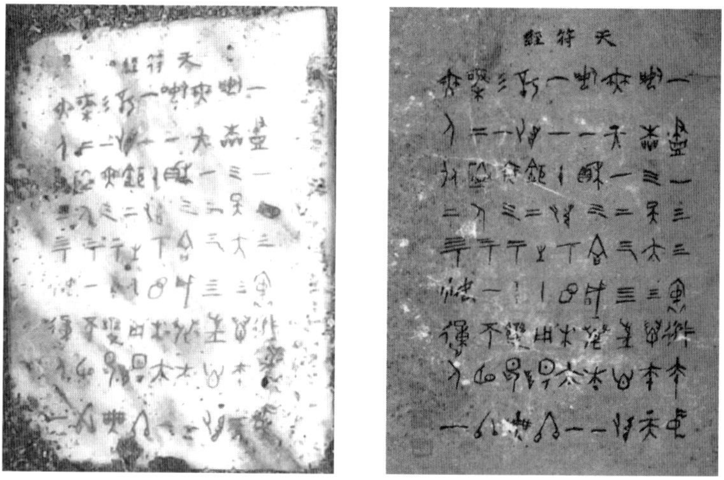

[그림 1] 백두산에서 발견했다는 대리석 천부경

(연합뉴스, 2020.3.4.)

시 점점 잊혀져갔다. 그런 중에 한민족의 역사 실체를 밝히려던 신라의 최치원은, 바위에 전각된 녹도문의 천부경을 찾아내고, 81자의 한자(漢字)로 번역하여 후세에 전하였다.

이후 81자의 한자로 이루어진 천부경이 가지고 있는 신비로움에, 사람들이 많은 관심을 가지고, 천부경의 비밀을 알려고 노력하여 왔다. 지금도 많은 사람들이 각자의 입장에서 천부경을 해석하거나 설명하고 있지만, 오히려 혼란만 가중시키고 있다.

특히, 이들은 한자(漢字) 해석에 연연하여 지엽적인 이야기에 그치거나, 알 수 없는 용어들을 맥락도 없이 나열하면서 자신들만의 주장을 펼치고 있다. 그래서 일반인들이 알고자 하여도 이해하기 어려워, 관심을 두기도 쉽지 않다. 그럼에도 불구하고, 끊임없이 천부경을 해석하고 설명하려고 애를 쓰고 있다.

천부경은 어떤 글이기에, 지난 역사 속에서 모두가 우러러 받들게 하고, 잊지 않도록 하였을까?

사람들은 알려고 노력하는데, 왜 갈수록 미궁에 빠져드는 것일까? 천부경은 왜 알기 어려울까?

도대체 천부경이 무엇이기에 이러는 걸까?

나는 이런 모든 의문을 풀어내고, 천부경의 진실을 알려주기 위해 이 책을 세상에 내어 놓았다. 특히, 모든 사람들이 알지 못했던 내용들을 전하면서, 천부경의 비밀을 온 인류에게 처음으로 공개하고자 하였다.

나는 천부경을 해석하려는 것이 아니다. 천부경은 해석해서 알 수 있는 글이 아니다. 천부경은 하늘에서 내려주시는 말씀이 있어야 알 수 있는 글이다. 그렇기에 천부경 81자가 역사를 통해서 우리들에게 알려져 있지만, 실체를 전혀 알 수 없었던 이유이기도 하다.

그래서 나는, "**하늘이 알고 있는 그 사람**"이 하늘로부터 내려 받은 천부경 81자의 말씀을 통하여, 천부경을 바르게 알려 그동안의 수많은 의문을 풀고자 이 책을 저술하였다.

천부경이 환국에서 구전으로 전래되었다는 사실은 이맥의 노력에서 비롯되었다. 조선 중종때 문인이었던 이맥은 태백일사 소도경전본훈(蘇塗經典本訓)을 정리하면서, 천부경은 1만여 년 이전의 역사에 등장하는, 최초의 거대한 연합국가인 환국(桓國)의 천제(天帝)로부터 구전으로 전래된 글(天符經 天帝桓國 口傳之書也)이라고 알려 주었다.

나는 이러한 천부경 전래 배경이나 내용을 말하고자 함이 아니라, 더 근원적인 이야기를 전하고자 한다.

천부경이 이 세상에 나온 진정한 이유 말이다. 천부경의 출현 이유를 안다는 것은 매우 중차대한 의미가 있으며, 천부경을 제대로 이해할 수 있는 관건이 되기 때문이다.

천부경은 왜 이 세상에 나왔을까?

결론부터 말하면, 천부경은 인류를 구원하여 새 세상을 만들기 위해서 하늘에서 내려주신 글이다. 천부경이 이 세상에 나왔던 이유는 바로 인류 구원과 새 세상 건설에 있다는 것이다.

11번째 이르러 이 글을 알려준다.

나는 책의 부제 일부로 "**11번째 이르러 이 글을 알려준다.**"고 붙였다. 이 말씀은 하늘에서 내려주신 말씀이다. 불원간, 이 세상에 몰아닥칠 대환난 속에 무너져 갈 인류를 구원하고 새로운 세상을 열도록, 하늘에서 11번째로 천부경을 내려주셨다는 말씀을 전하면서, 천부경의 비밀을 세상을 공개하고자 한다.

(2) 10번째와 11번째 하늘에서 내려 주신 천부경

이 책에서 처음으로 하늘에서 내려주신 천부경 81자의 내용을 부록으로 공개하였다. 하늘에서 내려주신 천부경 말씀은, 한 자 한 자에 대해 하나하나 세세히 가르침을 주신 것이다.

하늘에서 내려주신 그 천부경 81자 중 일시무시(一始無始)의 가장 첫 번째 글자인 일(一)에 대한 말씀 중 시작과 마무리 말씀이다.

그 사람을 하늘이 알고 있다.
11번째 이르러 이 글을 알려준다.
(중략)
함구하고 1인이 진행하라.

일(一)에 대한 말씀 중에서 가장 새겨야 할 중요한 말씀은, 처음으로 언급한 그 사람이다. 하늘이 알고 있는 그 사람에게 11번째 이르러 천부경을 알려주신다는 말씀이다.

천부경 전체 내용을 요약하면, 세상에서 말하는 종말이라는 대환난에 빠진 인류를 구원하여, 새로운 나라를 만들어 가도록, "**하늘이 알고 있는 그 사람**"에게 하늘이 내려주신 글이 천부경이다.

천부경의 비밀 핵심은 세 가지이다.

하늘과,

하늘이 알고 있는 그 사람과,

11번째 이르러 그 사람에게 알려 주시는 글,

이 세 말씀이 천부경 비밀의 핵심이다.

나는 이 세 가지 비밀의 핵심을 하나씩 공개하고자 한다.

하늘은 그 사람을 알고 있다고 하시고, 11번째로 이 글을 알려주신다고 말씀을 주신다. 왜 11번째일까?

11번째라는 의미와 11번째의 그 사람이 궁금하다.

11번째의 의미를 알기 위해, 먼저 우리들에게 역사를 통해 전해왔던 천부경에 대해 알아보자.

11번째로 알려주시는 글이니, 10번째로 하늘에서 천부경을 전수받은 분이 있을 것이다. 10번째의 그 사람은 누굴까?

과거 역사 속에 있을 10번째의 그 사람을 만나면, 천부경에 대한 내용을 어느 정도 이해할 수 있지 않을까? 다행스럽게 우리는 역사 속에서 전해오는 천부경을 이미 알고 있으니, 천부경을 추적해 가면 알 수 있을 것이다.

천부경이 전래되어온 과정을 다시 차근히 살펴보자.

조선 중종때 문인이었던 이맥의 노력으로, 천부경은 환국을 열었던 인류의 첫 지도자, 환국 천제(天帝)로부터 구전으로 전해졌음을 알게 되었다. 이후 천부경을 하늘로부터 받았다는 사람은 없었고, 천부경을 우러러 받들게 하였다는 기록이 우리 역사에 전해오고 있었다.

배달국 초대 환웅 천황께서는 신지 혁덕에게 명하여, 녹도문(鹿圖文)으로 기록한 후, 모든 사람들이 우러러 받들게 하였다. 그리고 고조선 3대 가륵 단군께서는 삼랑을 보륵에게 명하여, 녹도문으로 작성하게 한 후, 모든 백성들에게 알려 천부경을 잊지 않게 하였다.

환국, 배달국, 고조선을 거쳐 오는 긴 역사 속에, 도대체 무엇 때문에 구전되어온 천부경을 특별히 문자로 기록하여 모든 사람들이 우러러 받들도록 하고, 모든 백성들이 알게 하여 잊지 않도록 하였을까?

이는 천부경이 나타난 이유를 밝혀야만 알 수 있는 일이다. 이를 위해서, 사라진 역사이지만 천부경이 시작되는 환국에 대해서 어느 정도 알아야 한다.

전 세계 어느 나라의 역사 기록에서도 찾아볼 수 없는 1만 년 전 역사 기록을 오직 한 군데에, 우리 한민족 역사 속에서만 찾을 수 있다.

1만 년 전, 전 세계 역사 기록이 그렇게 많이 남아 있지는 않았다. 그래서 세계 많은 사람들이 추적하고 연구하기 시작하였고, 그들은 그 시기의 전 세계 역사 속에서 공통적인 한 사건을 만나게 된다. 그것은 과거 인류가 만났던 인류 대비겁 사건인 대홍수 사건이다.

지금까지 많은 나라들에서 신화로 남아있거나, 기독교 등 종교에서 신화처럼 전해오는 대홍수 사건이 그것이다. 지구 전역에서 발생한 대홍수라는 대환난으로부터 살아남은 소수의 사람들이 구전으로 대홍수 사건을 후대에 알렸지만, 지금은 이처럼 전설과 같은 신화로 남아 있을 뿐이다.

이러한 이유로 인하여, 1만 년 전 역사는 전 세계 어느 역사 기록에도 찾기 어렵지만, 유일하게 전해오는 기록이 있다. 그 기록은 우리 역사 속에 나타난 최초 국가인 환한 빛의 나라, 환국의 역사 기록이다.

인류 연합 국가로 구성된 빛의 제국인 환국을 건설하신, 안파견 천제로 알려진 인류의 새로운 지도자로부터 지금까지 우리 한민족에게 구전으로 전해온 글이 바로 천부경이다.

우리가 환국이 건국되기 전의 상황에 집중하면, 천부경을 더 명확하게 이해 할 수 있을 것이다.

많지 않은 기록이지만, 전 세계 많은 이들이 연구한 결과로, 우리는 1만여 년 전, 환국 건국 이전에 온 인류에게 대홍수라는 엄청난 대환난이 있었음을 알게 되었다. 그래서 하늘은 그 사람을 역사 전면에 불러 세워 천부경을 내려주시어, 대환난을 넘어 인류를 구원하고 환국을 건설하게 하셨다.

1만여 년 전의 새로운 지도자가 10번째이라는 것. 새로운 지도자를 내어 인류를 구원하고, 새 세상을 여는 그 모든 것이 하늘로부터 비롯되었으며, 그 구원과 새 세상 건설의 지침서가 바로 천부경이라는 사실이다. 그래서 배달국, 고조선을 거치며, 녹도문으로 기록하여 잊지 않고 우러러 받들게 하였지만, 긴 세월 속에 묻혀 있다가, 우리의 참된 역사와 종교를 찾아 나선 최치원에 의해 81자의 한자로 세상에 알려졌다.

인류를 구원하고, 찬란한 빛의 제국을 일구어낸 그 지도자에게 내려주신 하늘의 말씀이기에, 이후 긴 역사를 거치면서도 천부경을 문자로 표기하여 잊지 않도록 하고, 우러러 받들게 한 것이었다.

그러나 수많은 세월이 지나면서, 찬란한 역사가 신화로 변질되고, 천부경의 의미도 잊혀지고, 점차 사람들의 뇌리에서 멀어지게 되었다. 더군다나, 하늘에서 지도자인 그 사람에게 직접 전수해 주신 내용이므로, 어느 누구도 천부경의 내용과 비밀을 알 수 없었던 것이었다. 수많은 세월이 흐르는 동안에, 역사의 맥들이 단절되는 과정을 거치면서 급기야 모두에게 잊혀지고, 흙더미 속에 파묻혀 있다가 후대에 전해진 것이었다.

현재 11번째로 하늘에서 글을 받은 그 사람이 나왔으니, 1만 년 전에 천부경을 하늘에서 받으신 분이 10번째의 주인공일 수밖에 없다. 그래서 환국에서 전해오는 천부경은 10번째의 새로운 인류 지도자인 안파견 천제에게 하늘에서 알려주신 글이라고 말할 수 있다.

처음에는 구전으로 전해 오다가, 녹도문으로, 그리고 최치원에 의해 81자의 한자로 번역되면서 널리 알려졌다. 최치원 이후 많은 사람들이 천부경을 해석하려고 노력하였지만, 그 내용을 도저히 알 수 없었던 글이었다.

단연코, 하늘에서 알려주시는 천부경의 내용은 하늘이 알고 있는 그 사람인 새로운 인류 지도자가 아니고서는 어느 누구도 알 수 없는 글이다. 하늘로부터 천명을 받은 사람만이 알 수 있는 글이 천부경이다. 그래서 천부경은 해석하는 글이 아니며, 해석한다고 해서 알 수 있는 글도 아니다. 해석할수록 미궁에 빠져든 이유이기도 하다.

천명을 받지 않은 사람들이 천부경에 대해 이러쿵저러쿵 설명한 노력은 가상하나, 진실을 제대로 밝혀 낼 수 없었고, 오히려 천부경은 더욱 어렵고 모르는 글이 되어, 사람들의 생각에 혼란만 가중시켜 왔다.

천부경은 하늘에서 내려주신 천명으로, 그 천명을 받은 지도자에게 앞으로 나타날 대환난 속에 비겁에 빠진 인류를 구원하여 새 세상을 만들어 나가라는 계율이다. 천명을 받은 지도자는 한 치도 어김없이 진행하여 하늘의 뜻을 완수하라는, 지도자에 대한 하늘의 약속이시며 은총이시다. 이것이 천부경(天符經) 이름 세 글자에 담겨져 있는 숨은 비밀이다.

이제 우리는 1만 년의 시간을 훌쩍 넘어서, 다시 인류를 구원하도록 하시는 하늘과, 하늘에서 11번째로 역사 전면에 불러 세워, 하늘의 말씀을 내려주시는 그 사람에 주목하지 않을 수 없다.

하늘에서 천부경 말씀을 다시 내려주셨다는 것은, 엄청난 우주적 사건이 우리에게 닥쳐오고 있다는 것을 말함이다.

나는 하늘이 알고 있는 그 사람을 대신하여, 세상에 처음으로 천부경의 비빌을 공개하면서, 우리 인류가 불원간 겪게 될 대환난의 상황에서, 진멸지경에 처한 인류를 구원하시는 하늘에 대한 이야기를 전하고자 한다. 그리고 하늘에서 역사 전면에 내세워 인류를 구원하게 될 새로운 인류 지도자에 대한 이야기를 세세히 전하고자 한다.

세상에 처음 밝히는 이 이야기를 통해, 천부경의 의미를 더 확연하게 알게 될 것이다. 동시에 우리 인류가 만나게 될 대환난의 비겁이 무엇이며, 수많은 기존의 종교들이 전하는 구원의 참된 모습이 무엇인지도 제대로 알게 될 것이다. 그리고 기존의 모든 종교에서 말하는 구원의 미몽과 허구에 대해서도 바르게 알 수 있을 것이다.

그렇다고 해서 기존의 종교들을 질타하거나, 무시하고 폄하할 생각은 없다. 그동안 인류를 위하여 그들이 나름대로 경주해온 노력들을 도외시할 수 없기 때문이다.

나아가서 이 책을 통하여, 지금까지 헝클어지고 비뚤어져 버린 한민족의 내력과 역사를 바르게 알게 되고, 그 속에 담겨있는 하늘의 심오한 뜻을 더 명확하게 이해하게 될 것이다.

2

나는 하느님이 아니요, 하나님도 아니다. 하늘님이라 하라. 나는 천상천주이니라.

(1) 온 인류의 하늘님, 천상천주

하늘은 함구하고 있는 듯하나, 하늘이 모든 것을 다 알고 있다. 비껴가지 못한다. 일시(一始)의 시(始) 말씀 중

하늘로부터 전수받은 천부경 말씀의 내용을 부록으로 제시하였지만, "하늘이 알고 있는 11번째의 그 사람"이 아니면, 그 말씀을 제대로 이해하기 어려울 것이라 본다. 하늘님께서 내려주시는 말씀을 필사하여 정리하다보니, 모든 내용을 세세하게 다 옮겨 담지 못해서도 있겠지만, 그것만의 문제는 아니기에, 이 책을 통하여 이해를 도우려고 한다.

두 번째 글자인 시(始)에 대해 내려주신, "하늘이 모든 것을 알고 있으며, 하늘의 눈을 비껴가지 못한다."는 하늘의 말씀이다.

모든 시작이 하늘에서 비롯되며, 하늘의 눈을 벗어날 수 없다는

말씀이기에, 천부경 비밀의 핵심 첫째가 하늘이다.

모든 것을 알고 있으시며, 어느 무엇도 비껴가지 못하는, 신과 인간의 하늘이시며, 으뜸의 하늘이신 하늘님의 참 모습을 밝히는 것으로 시작하려 한다.

우주의 으뜸 되시는 참 하늘님께서, 인류 구원을 위해 내어주신 11번째 인류의 새로운 지도자로 하여금, 이 세상 모든 이들에게 당신님의 참된 이름을 이렇게 선포하도록 하셨다.

나는 하느님이 아니요, 하나님도 아니다.
하늘님이라 하라. 나는 천상천주이니라.

이제껏 사람들이 알아온 하느님, 하나님, 천주님이라는 명칭이 아니라, 그 참 명칭이 하늘님이요, 천상천주님이라는 사실을 선포하도록 하셨다. 우주 삼라만상을 주재하시며, 모든 신과 인간의 으뜸 되시는 그 분께서 당신님의 명칭을 직접 밝혀주시며, 이 인류에게 선포하라고 하신 것이다.

나는 하느님이 아니요, 하나님도 아니다.
하늘님이라 하라. 나는 천상천주이니라.

우리 인류는 남녀노소 어느 누구도 배운 적이 없지만, 태어나면서부터 본능적으로 하늘님을 찾는다. 왜 그럴까?

이는 삼신 도움으로 태어난 인류의 잠재의식 속에, 하늘님을 향한 우주 의식이 자리 잡고 있기 때문이다. 그래서 인류는 태어나 살아오면서 어려움에 처할 때면 어느 누구도 예외 없이, 마음 깊은 곳에서 본능적으로 솟구치는 하늘님을 찾아왔다. 그러나 제대로 가르쳐 주는 사람이 없었기에, 참 하늘님의 진실을 알지 못한 채, 저마다 처한 환경 속에서 하늘님을 찾으며 기도하여 왔다.

때로는 개인의 하늘로, 종교의 하늘로 하늘님을 찾다가 어느 순간인가 하느님을 찾고 있었고, 하나님을 찾고 있었다. 천주를 찾았고, 부처를 찾았고, 상제를 찾았다.

온 우주의 하늘이시며, 신과 인간의 하늘이신 천상천주님께서, 우리 인류 모두에게 너희들이 이제껏 잘못 찾아왔다고 알려주시는 것이다.

"**내가 온 우주의 으뜸 되는 하늘**"이라는 선포이시며, "**하늘님**"이라 하라고 하신다. 학자들이 정한 한글 맞춤법 따위로 말할 것이 아니다.

너희들이 애타게 찾아왔던 나는 하느님도 아니고, 하나님도 아니니, 하늘님이라고 불러 기도하라고 알려주신 놀라운 말씀이다.

나는 천상천주이니라.

처음으로 인류에게 하늘님의 진정한 명칭도 바르게 밝혀 주셨다. 그냥 천주가 아니라, 천상천주라고 명확하게 말씀을 내려 주신다.

인간 세상에서 얽히고설키어 비뚤어질 때로 비뚤어져버린 종교의 모든 허상이 이 말씀에서 다시 시작되어야 한다. 이는 매우 중요한 일이기에 천상천주님께서 지도자에게 명심시키시며, 하늘님의 바른 이름을 전하도록 하신 것이다. 역사 속에서 어려울 때마다 온 인류가 처절하게 찾으며 기도하여 왔던, 그 하늘님께서 당신님의 명칭을 이렇게 밝혀 주시는 것이다.

하늘님이라 하라, 나는 천상천주이니라!

지난 역사 속에서 올바른 이름을 쓰는 것이 얼마나 중요한 일인가를 알려준 이가 있다. 공자였다.

공자에게 물었다. 정치를 맡기면 무엇부터 하겠느냐는 질문에, “이름을 바로 잡겠다(正名).”고 하였다.

하물며, 하늘님의 명칭을 바로 잡는 것은 인류와 우주의 역사를 바로 세우는 일이다. 인간 사회에서 하늘님의 명칭이 어그러지고, 비뚤어지면서, 온 우주와 인류의 역사가 일그러지고 비뚤어져 버린 것이다.

그래서 하늘님께서 인류의 새 지도자를 불러 세우시고, 하늘님의 바른 명칭을 먼저 알려주시는 것이다. 이후 시간이 진행되면서, 비로소 역사 속에서 이루어진 모든 잘못을 하나하나 바로 잡아 나가게 된다.

하늘님이라고, 나는 천상천주라고, 천명(天命)으로 바로 잡아주신다.

인류의 새 지도자가 천명을 받들어, 세상에 하늘님의 참된 명칭을 공개석상에 확연하게 드러내고 있는 것이다.

천상천주님께서 그 지도자에게 주시는 말씀이다. 그리고 우리 인류에게도 함께 주시는 축복의 말씀이시다.

낮이나 밤이나 나를 찾으라. 당연히 으뜸인 나를 찾아야지.

천상천주님께서 지도자를 통해서 모든 인류에게 선포하신다. 당연히 온 우주의 으뜸이신 하늘님, 천상천주님을 찾으라고 천명을 내리신다.

당연히 으뜸인 나를 찾으라.

사람이라면, 삼라만상의 우주를 주재하시며 신과 인간의 으뜸 되시는 하늘님이신 천상천주님을 찾으라고 하신다. 그것도 밤이나 낮이나 항상 찾으라고 하신다.

지리산 자락의 천마산으로 지도자를 오게 하시어, 천상천주님께서 천상의 조회 광경을 보여주시는데, 천상천주님을 친견한 지도자는 천상의 조회 모습을 이렇게 전한다.

〈하늘님께서 순수하게 조용히 인자한 할아버지처럼 은은하고 청량한 음성으로 말씀하십니다. 그러나 수많은 천신(天神)과 지신(地神)들은 벌벌 떨면서, 우왕좌왕 왜 이렇게 야단들인가?〉

은은하고 청량하며, 인자하신 음성으로 말씀을 내려 주시는데, 수많은 천신과 지신들이 벌벌 떨며, 우왕좌왕하며 야단법석 치는 광경을 생생히 전해 주고 있다. 천상천주님 앞에서 벌벌 떠는 수많은 천신과 지신들의 모습을 전해 준다.

지도자가 천계의 하명을 기다리는데, 하늘님께서 순수하게 조용한 목소리로 은은하게 말씀하신다, 그러면서 환하게 깨닫게 된다. 환한 광명이 비치는 가운데 내리시는 말씀을 어느 누구도 어길 수 없다는 것을! 천신도, 땅의 지신도, 모든 종교의 그 어떠한 신도!

천상의 조회 모습을 통해서, 이제 대우주에 펼쳐져 있는 신의 세계 전체가 천상천주님의 친정 시대로 들어서 있음을 확연하게 알 수 있다. 이제부터는 천상천주님의 말씀으로, 모든 거짓과 허상은 바로 잡히며, 신과 함께하는 참다운 인류의 새롭고 건강하며, 신솔한 삶이 시작되는 것이다.

모든 종교인들과 지식인들에 대해서도 하늘님께서 말씀을 주신다. 순수해야 한다고. 순수한 자만이 천국의 문을 열 수 있는 자라고.

(2) 새로 내려주시는 11번째의 천부경

11번째 이르러 이 글을 알려준다.

모든 신과 인간의 하늘이신 천상천주님과, 천상천주님께서 역사 전면에 불러 세우시는 11번째의 그 사람과의 관계를 알아보자.

천상천주님께서 천상의 조회를 통하여 천신과 지신들에게 지엄하신 모습을 보여 주신다. 이렇게 지엄하신 천상천주님께서, 지상에 인류의 새로운 지도자를 내세우시며, 너는 만백성의 어버이이며, 천상천주님의 아들이라고 천신과 지신들에게 말씀하신다. 그리고 인류에게 선포하시는 것이다.

너희는 하늘 밑에서 어버이와 아들처럼 묶어진 몸이다.
하늘은 고개를 꿋꿋이 세워야 한다. 너희는 만백성의 어버이다.
천상천주님의 아들이라 곧고 바르게만 가거라.
내가 하늘로써 명하노라.

그리고 하늘님과 지상의 지도자는 하늘 밑에서 어버이와 아들로 묶어진 몸이라고 말씀하신다. 그러기에 만백성의 어버이가 된다는 사실을 명심시키고 계신다.

지도자 너는 만백성의 하늘이기에, 고개를 꿋꿋이 세워 나가라고 하신다. 어느 누구에게도 고개 숙여 다니지 말고, 만백성의 어버이로서 모습을 갖추라고 명을 내려 주신다.

천신과 지신에게도 지엄하신 모습을 보이시는 하늘님께서, 지상에 만백성의 어버이로 지도자를 내세우시며, **"네가 만백성의 하늘이기에, 당당하게 세상을 나아가라."**고 **"내가 하늘로써 명하노라."** 고 하신다.

"네가 하늘이라"는 것은, 지도자의 위격이 하늘님의 아들로써 하늘님께 닿아 있는 인류의 머리이기에, 하늘님이신 천상천주님께서, 만백성의 어버이로서의 위격과 자질을 갖추어 나아가라고 하시는 것이다.

천상천주님께서 깊은 사랑으로 지도자의 세세한 위격과 자세에 대해 천명으로 내려주시지만, 온전한 하늘님의 대행자로 인류와 우주를 맡아 이끌어 나갈 수 있도록 더 많은 정성을 쏟고 계시다.

나도 너희들 못지않게 어지러운 세상, 안팎으로 험난한 세상 두루 밝혀가려면 혼이 나갈 지경이다. (무진본(無盡本)의 본(本)에서)

너에게 우주를 통째로 맡기려니 이렇게 힘이 들구나.
네가 이제 어른이 다 되어 가고 있는 것을 말하는 거다.

우주를 통째로 맡겨, 새로운 세상을 열어나가야 하는 지도자를 위해 천상천주님께서 깊은 정성으로 세세히 살펴보신다. 심지어 천시 일을 한 치도 어김없이 이루시는 하늘님께서도 혼이 나갈 지경이 되도록, 어지럽고 험난한 우주 세상을 두루 밝혀나가고 계시다.

천상천주님께서 천지의 모든 신계를 통합하시며, 신과 함께 새로운 세상을 열 수 있도록, 지상의 인류 지도자에게 우주를 통째로 맡기려 하고 계시다. 천상천주님의 대행자로써, 인류의 하늘로써, 자리매김 하도록 권한을 주시려는 것이다.

이제 온 우주가 천상천주님의 명을 받들어, 천상천주님의 대행자에게 온 힘을 실어주시고 인류를 건져내도록 준비하고 있음이다.

네가 이제 어른이 다 되어 가고 있는 것을 말하는 거다.

천상천주님께서 인류를 위하여 지도자를 내어주시는데, 그 지도자는 개인의 지난한 고행 과정을 거치면서 천지가 무르익을 때까지 천상천주님의 세세한 가호 속에 인류를 구원할 준비를 하고 있다.

그리고 이제 하늘님의 대행자로써 그 위격을 드러내는 시간이 임박해 오고 있음이다. "**어른이 다 되어 가고 있다.**"는 말씀이 그 의미이다.

이미 세상 구원을 위해 준비하고 있지만, 세상은 그 지도자를 알지 못하고 있을 뿐이다. 아니 어쩌면 하늘에서 그 지도자에 대한 속살을 조금 드러내어 보여 주었지만, 기존 종교와 이념에 몰입되어 있는 사람들은 이 소식을 받아들이기 힘들 것이다.

자신들만의 종교관과 이념세계에서 벗어나, 진실한 세상을 찾아 나서기가 쉽지 않겠지만, 이제는 참된 진리 세계를 향해 과감하게 떨쳐 나와서 그 모든 미몽과 무지에서 깨어나야 할 때이다.

천신들께서는 조만간에 "**종교 판에 자리 잡고 있었던 잡신들이 모두 흩어져 버린다.**"고 하신다. 종교 판에 자리하고 있던 잡신들이 사라진다는 말씀이다. 그러면 사람들도 자연스럽게 정신이 맑아져서, 잘못된 종교 판을 떠나게 되며, 참된 믿음의 길을 찾아 나서게 될 것이다.

그리고 잡신이 떠나면서, 신을 빌미로 사람들을 우롱한 무리들은 알 수 없는 병을 앓는다고 하늘에서 말씀하신다.

천신들께서 주시는 말씀이 아니더라도, 단연코 말해 주건대, 지금 세상에 나와 이름을 내세우고 있는 크든 작든 어떠한 종교 단체들의 지도자도 결코 구원의 지도자가 아니다.

그래서 이 인류는 거대한 미몽과 무지에서 깨어나야 한다.

"하늘님이라 하라. 나는 천상천주이니라." 이 말씀으로 그동안 인류 사회에 횡행하던 거대한 미몽과 무지를 걷어내고 계신 것이다.

천상천주님께서, 세상에 내어 놓으신 지도자를 축복하시며, 하늘로써 명하시며, **"만백성의 어버이"**로, **"천상천주님의 아들"**로 말씀해 주신다.

너희는 만백성의 어버이다. 천상천주님의 아들이라 곧고 바르게만 가거라. 내가 하늘로써 명하노라.

하늘에서 내리시는 명, 그것을 천명이라고 한다.

천상천주님께서 당신님의 아들로 명하시고, 온 인류에게는 어버이 노릇을 하게 될 지도자를 역사 전면에 내세우시며, 절체절명의 대비겁 상황에서 어떻게 인류를 건져내어 이끌어 나갈 것인지를 하나하나 알려서 가르쳐 주시는 글이 천부경임을 밝히는 것이다.

천상천주님께서는 지도자에게, 죽고 사는 명줄은 하늘에서 주는 것이니, 죽고 사는 모든 것은 하늘에 다 맡기고, 죽음을 두려워하지 말고 확고한 신념을 가지고 혁신하며, 새로운 세상을 만들라고 말씀하신다.

명(命)은 하늘이 주는 것, 확고한 신념을 가지고 살며, 혁신하라.

말하자면, 천부경은 천상천주님의 천명으로 내려주신 지도자 교육 지침서이다. 천상천주님께서 천부경을 통하여, 이 인류를 살려내고 새 나라를 이끌어 나갈 지도자에게, 죽고 사는 명줄은 하늘에 있으니, 천명(天命)을 받들어, 확고한 신념을 가지고 살아가며, 혁신을 이루라고 말씀을 주신다.

지도자를 통해 새로운 세상을 만들어 나가는 대열에 함께 할 사람들도, 어쩌면 명심해야 할 천상천주님의 말씀이기도 할 것이다.

11번째로 하늘로부터 받아 내린 천부경의 새로운 내용을 전해주는 그 지도자는 이렇게 천부경에 대해 전하고 있다.

〈천부경은 환난이 끝나고 새로운 세상이 시작될 때, 세상을 어떻게 만들어서, 백성을 먹여 살리고 새로운 나라를 형성하는 과정에 대한 하나하나 핵심을 천상천주님(하늘님)께서 후세에 남긴 글입니다.〉

〈이것은 아무나 해석하는 것이 아니라, 도통을 하고 청음을 하늘로부터 받은 사람만 해석할 수 있는 것입니다.〉

천상천주님께서 내세우시는 지도자는 불원간 인류의 기존 모든 문명이 무너져 내리는 어마 무시한 대환난 속에서 인류를 구원해 내고, 새로운 세상을 만들어 나갈 선두에 서 있는 분을 말한다.

천부경은 해석하는 글이 아니다. 하늘님께서 지도자에게 내려주시는 글이다. 천부경은 지도자에게 새로운 세상을 만들어 나가라고 내려주신 하늘님의 천명이자 계율이다.

(3) 시작되고 있는 새로운 하늘 질서

새로운 세상이 시작되니, 후천 세계를 이끌어 가라.

지축의 변화로 일 년은 360일이 된다.
그로 인해 앞으로 누구나 50년쯤 생명이 연장된다.

〈바깥세상에서는 요순 세상이라는 게 있는데 그게 다가왔다.〉

지금 전개되고 있는 모든 모습은 후천 세계라는 새로운 세상이 시작되려는 변화 과정에 있는 것이라고 말씀해 주시는 것이다.

그 새로운 세상은 지축의 변화로 시작된다. 23.5도로 기울어진 지구축이 바로 서는 변화가 이루어지고, 지축이 바로 서면서 지구 일 년은 360일이 된다는 말씀을 전해 주신다.

지축이 바로 서면서, 새로운 하늘과 땅이 나온다는 것을 알려주신다.

지구의 축이 바로 선다는 것은 지구의 모든 생명체에게는 엄청난 충격을 주는 사건이기에, 우리 인류 역시 어느 누구도 예외 없이 엄청난 충격을 받게 된다.

지구가 기울어서 움직이는 모습과 같이, 선천 세상을 살아가는 우리의 인체는 중심축으로부터 심장 등 모든 장기들이 23.5도 기울어진 모습이다. 좌우 신장도 불균형 상태로 운행되고 있다. 이렇게 기울어진 몸의 구조가, 지구의 축이 바로 서는 순간 엄청난 충격으로 바로 잡히게 된다는 것이다.

심장이 바로 서고, 좌우 신장도 균형을 이루는 등 몸의 내부도 바르게 순환하며, 생명력의 핵심인 간과 신장 등은 전혀 다른 모습으로 호흡하며 자정력이 강화되면서, 누구나 생명이 연장되어 50년 정도를 더 오래 건강하게 살게 된다고 말씀해 주시고 계시다. 물론 새로운 세상 이후 탄생한 사람들은 건강한 몸으로 더 오래 살 것이다. 사람들이 흔히들 말하고 있는 평화낙원의 세계로 상징되는 요순 세계의 모습이 펼쳐진다고 전해주신다.

그러나 지구의 축이 바로 서는 과정에서, 인체에 미치는 영향뿐만 아니라, 대지진 등 말로 다 표현할 수 없는 엄청난 변화들이 인류 사회에 몰아닥치게 된다. 그 엄청난 변화로 인류 사회가 종말이 오는 것과 같은 파국으로 치닫게 된다. 이것이 대환난의 실체이다.

지축이 바로 서는 대변화의 전조들은 이미 시작되고 있다. 흔히들 말하는 기후변화들이 그 시작이며, 땅에서는 대지진과 함께, 인성에도 파국이 미치면서, 인류 사회가 요동을 치고 있는 것이다.

중국 우한에서 시작된 코로나는 그 변화를 단단히 알리고 있고, 이어서 여러 질병들이 계속해서, 인류 사회를 고심하게 하고 있다. 지축의 변화 과정은 알게 모르게 사람들의 인성에 영향을 미치고, 각 나라간의 갈등 관계나 전쟁 상황, 그리고 현재의 관계들에도 영향을 미치며, 예측할 수 없을 정도로 급변하고 있다.

하늘과 땅의 변화로 인해 진멸지경에 빠질 인류 구원은, 신과 인간의 으뜸 되시는 하늘님만이 하실 수 있는 일이기에, 하늘님께서 직접 나서시게 된다. 이 대파국의 시간대에 전개되는 인류 사회의 비극을 하늘님이신 천상천주님께서 그대로 두고 볼 수가 없기에 대파국의 실체도 밝혀주시며, 인류를 위한 자비의 상징으로 지도자를 내어 그 파국으로부터 인류를 건져내고, 함께 새로운 세상을 만들어 나가도록 한 것이다.

기존의 종교 사회나 예언자들이 전해주는 종말과 구원이라는 내용과는 많은 차이가 있지만, 그래도 유사한 내용도 있을 것이다. 이는 신의 세계에서 인류의 생명을 살리기 위한 노력들이 오래 전부터 진행되어 왔으며, 인류 사회에 벌어질 대파국의 절박함을 영성이 뛰어난 이들에게 알려주었기 때문이다.

종교계에서는 구원을 말하고, 자신들이 구원의 주체라고 주장하고 있지만, 사실은 인류에게 전개되는 대비겁의 실체를 알지 못하기에, 구원의 참 모습을 제대로 말하는 이들도 없다. 그렇기 때문에 낭만적인 몽상 수준의 구원 이야기를 전해줄 따름이다. 대환난과 구원의 문제는 환상적이고 몽상적인 이야기로 풀어나갈 문제가 아니다.

참으로 안타까운 일이지만, 지구 지축의 변화는 기존 종교계에서 말하는 종교 선택의 문제나 선악의 심판 과정은 더욱 아니다.

지축의 변화는 무심한 듯 공평무사한 대자연의 변화로 오는 것이며, 이로써 우리 인류는 엄청난 대 파국을 맞이하게 된다고 말하는 것이 더 정확하다. 그러기에, 사람들 개개인의 종교나 선악을 일일이 판단하여, 해당하는 자는 살리고, 그렇지 않은 자는 죽인다는 기존 종교의 말들은 사실이 아니다.

하늘님께서 이 대비겁의 상황을 위해서 지도자를 준비하시는 것은, 종교나 선악의 문제를 넘어서서 인류를 건져내시는 대자비의 손길을 내려 주시는 것이다. 대자비의 손길을 부여잡은 인류에게, "너는 선한 자이니 살고, 너는 악한 자이니 안 돼."라고 하시는 하늘님은 더욱 아니다. 더군다나 "너는 이 종교이니 살고, 너는 이 종교가 아니니 안 돼."라는 것은 더욱 있을 수 없는 일이다.

하늘님은 그러한 하늘님이 아니시다. 어느 종교에, 어느 이념에 편협한 하늘님이 아니시다. 우리 인류 모두의 하늘님이시다.

생사가 위급한 상황에서 한가롭게 종교나 선악을 판단하는 낭만적인 그런 일은 나타나지 않는다. 모든 것은 일단 살려내는 대로 살려내고, 나머지는 그 다음의 일이 된다. 그 모든 것은 인류 구원을 책임지도록 하늘님께서 천명하신 지도자의 몫으로 고스란히 남게 된다. 이런 이유로 하늘님께서 구원의 지도자에게 세세하게 가르치시며 내려주신 글이 천부경인 것이다. 하늘님께서 하루아침에 내려주신 글이 아니라, 3년에 걸쳐서 지도자를 가르치시며 내려주신 말씀이다.

하늘님이신 천상천주님을 친견한다는 사건 그 자체만 하더라도 세상 사람들에게는 엄청난 사건이다. 하늘님께서는 지도자에게 천상 조회에 참관하게 하시고, 신계를 보여주셨다. 지도자는 하늘님을 만나는 놀라운 경험을 한 이후, 항상 기도 속에 하늘님께서 임하시며 내려 주시는 말씀을 세상에 전하고 있다. 지도자는 하늘님을 처음 친견하던 그 시기에 지리산 자락 천마산에서 며칠간 머물며, 천상천주님의 천명을 받았다. 이때 내려주신 하늘님 말씀 중 충격적인 말씀을 지도자는 이렇게 전한다.

〈모든 인간은 한 치 앞을 못 보는 원시인으로 변하게 된다. 그 이유는 지축이 반듯하게 서게 되는 순간 지구의 모든 인간은 그동안의 모든 기억은 사라지고, 원시인으로 살아가게 된다고 하셨다. 그러나 우리 민족은 천기를 아는 도통 군자가 머리를 만져주거나, 청음을 들으면 지금의 기억을 가지고 간다고 하셨다.〉

지축이 바로 서는 대 충격은 모든 인류의 신체에도 엄청난 변화를 주게 된다. 허약한 사람은 내부 장기가 바로 서는 환장(換腸)의 충격을 견디지 못하고 죽거나, 충격을 견디는 사람 역시, 충격의 여파로 모든 기억을 상실하고 한 치 앞을 못 보는 원시인이 되어 살아간다고 전해 주고 있다.

여기에 무슨 선악의 판단이 끼어들 여지가 있겠는가?

없다.

현재 모든 종교 지도자나 종교인들은 말할 것도 없거니와, 어느 누구도 예외 없이 모든 사람들에게 똑같이 전개되는 충격이다.

무심한 대자연의 변화에 어디 예외가 있겠는가? 어찌 보면 무심하기 짝이 없는 대자연의 변화는 무서우리만큼 공정하다.

천상천주님께서는, 지축이 바로 서는 과정에서 이렇게 인체에 미치는 영향뿐만 아니라, 대지진 등 말로 다 표현할 수 없는 엄청난 변화들이 인류 사회에 몰아닥치는 절체절명의 대환난에서 인류를 구원하신다.

천상천주님께서 인류를 구원하시기 위해, 천상천주님의 대행자인 구원의 지도자를 내어주시고, 그 지도자에게 11번째로 구원 지침서인 천부경을 내려주신 것이다. 그 구원의 지도자가 다시 한민족 구성원 중에서 나오시게 된 것은 10번째의 구원자와도 깊은 연관이 있다. 우리 민족에게는 말할 수 없는 큰 축복이다. 이것에 대해서는 한민족의 참된 역사 이야기와 함께 전하려고 한다.

(4) 1인이 진행하라

내가 이 소식을 전하는 것은, 인류에게 혼돈을 주는, 또 다른 종교 단체를 만들려는 것이 아니다. 사람들에게 참여하라고 하는 것도 아니다. 하늘님의 말씀을 있는 그대로 전하여 경종을 울리고자 함이다.

함구하고 1인이 진행하라.

천상천주님께서 지도자에게, "**함구하고 1인이 진행하라.**"고 하셨다. 이 말씀 속에는 여러 의미를 담고 있다.

첫 번째 의미는 특정 종교 단체를 만들라고 하지 않으신 것이다.

우리 인류는 그동안 수많은 종교와 이념과 가치의 편협으로, 서로 죽이는 대립과 경쟁 속에 살아왔다. 하늘님께서는 너무나도 잘 알고 계시기에, 새로운 지도자에게 천명으로 내려주시는 말씀이다.

하늘님은 편협의 하늘님이 아니시며, 특정 종교의 하늘님도 아니시다. 모든 신과 인간의 으뜸 되시는, 온 우주의 하늘님이시며, 모든 종교, 이념, 가치 위에 계시는 참 생명의 하늘님이시다.

두 번째로, "**함구하고 1인이 진행하라.**"는 말씀에는 새로운 세상을 만들어 나가기 위해 하늘의 명을 일사분란하게 이루어 내야 하는 엄정한 개척의 사명이 담겨 있다. 절체절명의 대비겁기에 천명을 긴급하게 집행하기 위해, 하늘님의 절대권을 부여하신 것이다. "**너에게 우주를 통째로 맡긴다.**"는 말씀처럼 하늘님의 절대권을 부여하여, 대비겁의 상황을 타개해 나가도록 하신 것이다. 이 또한 천부경에 담겨 있는 사명이다.

그리고 세 번째로는, 대 파국이 전개되기 전에, 전생으로부터 인류 구원의 사명을 받은 이들은 절박한 시간대의 이 소식을 듣고, 자신도 살고, 인류를 구원하는 본래의 사명을 행하게 하는 기회를 주시려는 것이다. 그래서 지도자는 사람들에게 해악을 끼칠 수 있는 새로운 종교 판을 만들려는 것이 아니라, 천상천주님의 천명을 행하게 될 "**하늘 아이들**"을 찾고 있는 것이다.

천상천주님을 위시하여, 신명들은 우리 인류를, "**아이들**"로 말씀해 주신다. 그 중에서 특히, 4~5년간 지속되는 대 환난 속에 인류를 살려내고, 지도자와 함께 찬란한 새 나라를 만들어 나갈 사람들을 천상천주님께서 "**하늘 아이들**"로 말씀하신다.

천신들과 부처들께서는 하늘 아이들을 일컬어, "**천상에서 온 화랑**"이라고도 하신다. 칠성여래불께서도 천상에서 온 화랑들이 있다고 말씀해 주신다. 그들을 다 끌고 가라고 하신다. 그들에게 주는 기회인 것이다.

〈천상에서 온 화랑들이 있다. 그들을 다 끌고 가면 좋다.〉

각자들이 인연으로 연결되겠지만, 나는 이 책을 통하여, 그 인연의 끈을 더 쉽게 연결해 주고자 함이다.

현재 이들은 본인들의 신원을 제대로 알지 못하고, 현실의 삶을 살아가고 있을 것이다. 현재 본인의 신분이 무엇이든, 어떤 종교와 이념을 가지고 있든, 스스로 자신을 돌아보면서 생각해 보기 바란다.

아직 인간의 때를 벗어나지 못하고, 허구한 날 이러저런 치졸한 생각에 빠져 있는 우리들에게, 천상천주님께서 경계의 말씀을 이렇게 내려 주시고 계시다.

말은 그럴듯하게 네네 하지만, 어디 너희가 그렇게 바르게 행동한 적이 있느냐? 허구한 날 보면 이런저런 치졸한 생각, 그런 생각들을 많이 하지 않았느냐. 그래서 나는 많이 알고 있다. 너희는 아직 인간의 때를 벗지 못했다.

아직 인간의 때를 벗어나지 못한 우리들이 말은 그럴듯하게 네네 하지만, 바르게 행동하지 않는다는 것도 말씀해 주시고 계시다. 자신이 "**하늘 아이들**", "**하늘에서 온 화랑들**"인 것도 모르고 인간의 때를 벗어나지 못하여 주저하고 있는 우리 모두에게, 그리고 지도자에게도 경계와 각성의 말씀을 내려 주시는 것이다.

인간들은 먹고살고 그날그날 지탱해 나가야 되기 때문에 그렇게 할 수밖에 없지. 그러나 너는 하고자 하고 마음먹으면 안 될게 없다. 얼른얼른 다한다고 되는 것도 아니고, 빨리빨리 한다고 되는 것도 아니다. 그러니 곧은 지심으로 매정한 마음이 있다가도 없어지게, 그날그날 똑같이 한마음 한결같이, (중략) 지성을 드려 간다면, 그것 또한 하늘 아이들이 하는 일이니, (중략) 그것 또한 얼마나 큰 충만함이 아니겠느냐.

새로운 세상을 열어나가는 일은 인간 세상에서 맡아 나가야 하나, 동시에 신계에서도 그 일을 함께 해야 하기에 쉬운 일이 아님을 말씀해 주신다. 인간의 삶 속에서 인간의 때를 벗어나지 못한 우리들은 말로는 '네네' 하지만, 행동은 바르게 하지 않고 있음을 안타까워하시고 계심을 알아야 한다.

지도자와, 또 함께하는 "**하늘 아이들**"이 해야 할 일을 명확하게 선언해 주신다.

곧은 지심으로 매정한 마음이 있다가도 없어지게,
그날그날 똑같이 한마음 한결같이, 지성을 드리라.

지도자는 말할 것도 없거니와, 지도자와 함께하는 "**하늘 아이들**"이라면, 곧은 마음을 가지고, 한마음 한결같이, 지극한 정성을 다하라고 말씀을 주시고 계시다.

그래서 천상천주님께서 구원의 사명을 맡은 지도자에게, 모든 기억을 잊어버리고 원시인으로 살아가는 인류를 깨워 건져내고, 새로운 세상을 열어나가도록 천명을 내려주신 것이다.

그 천명을 담고 있는 글이 천부경이다. 그렇기에 천부경에는 후천 세계를 열어 나가는 방법이 들어 있다고 지도자는 전하고 있다.

그런데 후천 세계를 열어 나가기 위해서는, 엄청난 대환난 속에 살아남았지만 모든 기억을 잊어버려 한 치 앞도 못 보는 원시인이 된 인류를 먼저 깨어나게 하여야 한다. 지도자는 인류를 깨어나게 하는 방법이자 인류 구원의 시발점으로, 하늘님께서 내려주신 청음을 말씀해 주고 있다.

하늘님께서 석삼극무진본(析三極無盡本)의 무(無)에 대한 말씀을 내려주시며, 이 무(無)는 세력을 말한다고 하셨다. 하늘님께서는, 인류 대비겁 상황에서 지도자가 사람들을 구원하고 무리를 만들어 이끌어 나가는 법을 말씀해 주신다. 그 구원의 방법인 청음에 대한 말씀이다.

청음은 이 세상에 너 하나만 되니(라).

다르게 말하면, 신계의 말씀을 듣지 못하고, 청음이라는 인류 구원의 하늘님 권능을 받지 않은 사람은 구원의 지도자가 아니라는 것이다. 무엇으로도 구원을 할 수 없으니 말이다. 각 종교단체에서 저마다의 구원 방식을 말하고는 있으나, 신의 세계에서 보면 실체도 없는 가짜들이다.

앞으로 시간이 지나면서, 사람들은 급변하는 세상의 모습을 더 확연하게 알게 되고, 자신들의 종교로부터 떠나게 될 것이며, 새로운 가르침의 삶을 찾으려 하게 될 것이다.

지도자가 하늘로부터 내려 받은 청음이, 하늘님 권능의 천음이며, 인류를 원시인 상태에서 깨어나게 하는 유일한 구원의 약인 것이다.

청음이 하늘이다. (중략) 너는 삼신이다.

천상천주님께서, 청음은 하늘이라고 하시고 삼신이라고 하신다.

지도자는 하늘님으로부터 받으신 청음으로, 온 인류를 원시인에서 깨어나게 해서, 새 하늘의 새 인류로 거듭 태어나도록 하는 사명을 맡고 있다. 그래서 원시인의 인류를 새 하늘의 새 인류로 거듭 태어나게 하기에, 하늘님은 지도자를 삼신이라고 축복하신 것이다. 그리고 깨어난 인류의 하늘이 되는 것이다.

후대는 이를 또 어떤 신화로, 어떤 이야기로 만들어 전할까? 참으로 궁금해지는 대목이다.

대비겁 이전의 상황에서는, 지도자가 직접 "**하늘 아이들**"의 머리를 만져 천지 기운을 갈무리 짓도록 하여, 지축의 충격도 극복하고, 기억을 잊지 않고 보전하게 함으로써, "**하늘 아이들**"은 지도자와 함께 인류를 구원해 나가게 된다.

그러나 너무나 긴박한 대환란의 시간에서는 이미 충격을 받아 기억을 잊어버려 원시인이 되어버린 다수 사람들을 한 군데 모아서, 하늘의 음성인 청음으로 깨어나게 한다. 그렇게 깨어난 무리들을 이끌고, 그 옛날 환국을 열어갔듯이, 한민족으로부터 시작되는 새로운 빛의 세상을 열어 나가는 것이다. 이것이 구원자인 지도자에게 내려주신 하늘님의 천명이다. 그것이 천부경의 실체이며, 비밀인 것이다.

천부경은 지도자가 천명을 받들어 인류를 구원하여 새 세상을 열어 나가도록, 하늘님께서 내려주신 율법이다.

3

인류의 모든 갈등은 신에 대한 미몽에서 나온 것

(1) 비로소 열리는 신의 경계

복이 하늘에 있으니 하늘에 항상 경배 하라, 지극정성으로

일석삼극(一析三極)의 삼(三) 말씀 중

우리말에 있는 신비(神祕), 신기(神奇), 신묘(神妙), 신통(神通) 등은 신(神)에 대한 우리들의 생각과 의식을 담고 있다. 이렇게 우리 삶 속에 밀접하게 이어져 있는 신의 세계이지만, 신에 대한 생각과 판단은 너무나 다양하고, 합일점을 찾지 못하고 있다.

이는 신의 경계가 바로 경험의 세계에 있기 때문이다. 그렇기에 저마다의 경험과 주관으로, 신을 믿지 않는 사람도, 신을 믿는 사람도 있으며, 신을 믿더라도 자기들만의 세계관에 빠져 광기를 부리는 사람들도 있다.

결론적으로 신의 세계에 대한 무지와 미몽이 서로 다른 종교와 이념을 만들어내어, 인류 역사의 수많은 갈등과 전쟁의 시초가 되었다. 그리고 역사가 왜곡되고, 모든 분쟁의 씨앗이 되기도 하였다. 그래서 인류 역사 속에서 전개되어 온 모든 갈등과 분쟁의 씨앗이 된, 신에 대한 무지와 미몽의 근본 문제를 바르게 알아야 한다.

신에 대한 모든 무지와 미몽 문제는 신과 인간 간의 경계가 닫혀 있어서, 소통이 제대로 이루어지지 않은데 있었다. 신과 인간의 경계가 닫혀 있는 지금의 선천 세상에서는 소통이 제대로 이루어지기 어려울 수밖에 없다. 그런 가운데, 신에 대한 자신들의 생각이나 체험이 옳다고 주장하며, 뒤돌아보지도 않고 충돌하고 있기 때문이다.

인간 사회와 신의 경계가 닫혀 제대로 소통이 되지 않는 가운데에도 신의 세계를 일부 들여다본 사람들이 있었고, 그들이 전한 내용들은 오히려 신에 대한 무지와 미몽을 더욱 증폭시켰다.

이러한 무지와 미몽은 각자의 믿음과 지식에 따라 다양한 종교와 이념들로 나타났다. 이렇게 발생한 모든 종교와 이념들은 인간들 간의 갈등과 분쟁을 일으키면서, 현재까지도 끊임없이 서로 다투고 있다.

그러나 이제 시간이 임박하였기에, 나는 이 책을 통하여 신의 세계를 바르게 알리고자 한다.

신이 있다고도 하고 없다고도 하지만, 명확한 사실은, 하늘님과 함께 신은 우주 어디에도 존재한다. 그것도 이 인류가 상상조차 못할 정도로, 다양한 이름을 가진 수수 많은 신들이 존재한다. 그리고 신에 대해서는 신명(神明)으로 말씀들을 하고 계신다. 신의 존재 자체가 밝음의 존재이기 때문이다.

그리고 신과 인간은 동전 양면처럼 이어져 있다. 인간은 죽어서 신이 된다. 신의 세계에 있다가 다시 인간계로 환생하기도 한다. 이것을 윤회라고 한다. 전생을 말하는 사람들이 많으나, 정확한 전생을 제대로 말하는 이들은 없다.

육신의 옷을 입고 이 세상에 인간으로 살아간다는 것은, 신의 입장에서 보면, 자신의 신성과 자성(資性)을 잊어버린 어린 아이에 지나지 않는다. 그래서 우리들은 알게 모르게 자신의 신성과 본질을 찾아 나서기 위해 부단한 노력을 한다. 그것은 우리 인류가 스스로 짊어진 사명이자 과제라 할 수 있다.

그러나 어떻게 자신의 신성을 제대로 찾을 수 있을까? 참으로 어려운 일이다. 그럼에도 불구하고 많은 이들이 다양한 방법으로 끊임없이 노력하고 있기는 하다.

하늘님이신 천상천주님께서 생명을 걸고 처절한 기도를 하던 지도자를 불러내어 신성을 열어주시고, 인류를 새로운 세상으로 이끌도록 하셨다.

하늘님께서는, 우리들이 신성을 잊고 있지만 자신의 자유의지 속에 살아가도록 하셨다. 우리 인류에게 대단한 축복이지만, 동시에 고난의 길이기도 하다. 그런데 이러한 일도 내면을 들여다보면, 자신의 의지인 냥 살아가는 것처럼 보이지만, 사실은 전생의 윤회를 통해 자신이 가고자 하는 곳으로 나아간다는 사실을 알 필요가 있다. 그러한 가운데 사람들이 간절하게 기도하고 찾으면 신은 감응한다.

한편 자유의지를 가지고 과학을 비롯한 여러 방면에서 노력해온 사람들의 지식들이 쌓이면서, 인류의 삶도 크게 발전되어 왔다. 이렇게 사회 발전을 이루어낸 인류를 하늘에서 평가하시기를, 거의 신의 경계에 도달했다고 하신다. 그러나 진정한 인류의 최고 경지는 신의 세계에 대한 깨달음으로 결실을 맺는 것이다. 그것이 우리 인류가 이루는 궁극의 경계가 되는 것이다.

그러나 신의 세계에 대해 바르게 안다는 것은 너무 어려운 일이다. 그 이유는 신의 경계를 열어주지 않았기 때문이다. 그렇기에 종교 단체에서도 신의 세계에 대해서 제대로 알지 못하고 있는 것이다.

이제 인류가 진멸지경에 빠질 대비겁의 상황이 도래하면서, 인류를 건져내어 새 하늘 새 땅의 세상을 열기 위해, 신의 세계가 활짝 열리고 있다. 인류에게 벌어질 엄청난 문제를 해결하시기 위해, 신과 인간의 으뜸 되시는 하늘님이신 천상천주님께서 참 모습을 드러내셨고, 하늘님의 명을 받은 천신도, 지도자와 함께 목숨을 걸고 새로운 세상을 열어 나간다고 하신다. 천신도 목숨을 걸고 하는 일이기에, 구원의 지도자를 통하여 신의 세계를 활짝 열어 주시며, 신과의 소통이 본격적으로 이루어지기 시작하였다.

지도자는 이러한 신과의 소통을 "**이불통신**"이라고 알려준다. 그 시작의 표상으로 지도자를 통해 보여 주신다. 그리고 이불통신의 초기 단계로 명확한 소통은 아니지만, 영감으로 소통하는 "**무불통신**"이 있다는 사실도 알아두기 바란다.

누가 있어서 이렇게 신의 세계를 밝혀 줄 수 있겠는가?

신의 세계에 무지한 이 인류 앞에, 지도자는 신들의 말씀을 통하여 처음으로 천상계와 지상계에 대한 신의 경계도 알려주었다.

보통 사람들이 살다가 죽으면 신계에 포함되는데, 살아생전 자신들이 행한 업보와 닦음 정도에 따라 서로 다른 하늘로 들어간다고 알려 주신다. 5만년 길이길이 빛낼 수 있는 사람들은 일천(一天)에서 구천(九天)으로 펼쳐진 천국(天國)으로 들어가고, 온전하게 순수한 삶을 살아온 사람들은 일천(一天)에서 구천(九天)의 세계로 펼쳐진 천상(天上)으로, 순박한 삶을 살아온 사람들은 일백당(一白堂)에서 일천당

(一天堂)으로 펼쳐진 천당(天堂)으로 들어간다고 신들께서 알려주신다. 가장 일반적인 신의 세계로, 안정되지 않은 삶을 살아온 사람들이 안정된 곳으로 자리 잡는, 일백보(一百堡)에서 구백보(九百堡)로 펼쳐진 저승으로 들어가고, 종교인들의 경우 죄를 지었을 때 가는 세계로 순타가 있다고 한다.

천국이 구천(九天)으로 펼쳐져 있으며, 천상도 구천(九天)으로 펼쳐져 있고, 천당이 일천당(一天堂)으로 펼쳐져 있다는 사실, 저승도 구백보(九百堡)로 펼쳐져 있다는 놀라운 사실을 지도자가 천신의 말씀을 받들어 처음으로 인류에게 알려준 것이다.

그러나 천국, 천상, 천당, 저승으로 펼쳐진 각 하늘 간의 경계는 너무나도 엄격해서, 자신이 닦은 경지보다 더 높은 하늘로는 두려움에 떨며 들어가지 못하고, 자신이 닦은 만큼에 해당하는 하늘로만 갈 수 있다는 것이다. 그러나 자손들의 지극한 정성과 기도를 통해 조상신들은 더 높은 하늘로 나아가기도 한다.

어느 누가 이 사실을 제대로 알까?

천도를 하다보면, 닦은 경계보다 더 높은 하늘로 인도하여도, 조상신들께서는 두려움에 떨며 갈 수 없다고 하신다. 그래서 마음이 편안한 하늘로 들어가겠다고 하신다. 그렇게 하시라고 한다.

그리고 후손들을 끔찍이도 사랑하시며, 축복의 말씀도 전해 주신다. 아픈 곳이 있으면, 고칠 수 있는 약재도 알려 주시고, 복록을 얻는 방법도 전해 주신다.

그런데 한 가지 더 놀라운 사실을 지도자는 밝혀준다.

하늘에서는 제복을 갖추어 입고 있는 종교단체의 구성원들만 종교인으로 인정한다는 사실이다. 예를 들어 제복을 갖추고 있는 불교

승려, 천주교 신부, 수녀 등이 해당된다고 말할 수 있다. 제복을 갖추지 않고 종교 활동을 하는 단체의 사람들은 종교인으로 인정하지 않는다고, 하늘의 말씀을 지도자는 전하고 있다.

기도를 하다보면 기도가 성숙해 나가는 단계에 따라 하늘에서 의관을 내려주시기도 한다. 그만큼 하늘에서는 의복을 중시하고 있음을 알 수 있다. 천상천주님께서 천부경의 석삼극무진본(析三極無盡本)의 석(析)에 대한 말씀을 주시며, 의복에 대해 말씀해 주신다. 의류를 말씀하시며, 복을 담는 것이라고 하신다. 그래서 종교인에 대해서도 제복을 갖추고 있는 자에 대해서만 종교인으로 인정한다고 하신다.

의류는 복을 담는 것이니 곱고 찬란한 것으로 하되, 좋게, 의젓하게, 밝은 색으로 화려하게 으뜸으로 해야 되느니라

생활 속에서 제복을 차려 입지 않은 종교인은 종교인으로 인정하지 않는다는 것이다. 그리고 그 종교 성직자 중 혹여 죄가 있는 자들은 죽어서 순타의 세계로 간다고 알려 주신다.

우리가 알고 있는 그런 지옥은 없다. 그러나 죽어서 각 하늘로 갈 수 있는 문을 열어주는 곳은 명부전이다. 명부전에서는 그동안의 삶과 노력을 통하여 각자의 하늘 문을 열어준다. 명부전은 어느 하나 사사로움이 없다. 사사로움이 없는 명부전의 심판을 받아, 자신의 하늘로 나아가게 된다.

물론 저승 세계에도 들어가지 못하고, 이승을 떠도는 영혼도 존재하고 있다. 생전의 의식을 벗어나지 못하고 이승을 떠도는 것이다. 대개 죽은 충격으로 그 부근을 벗어나지 못하거나, 생전에 알고 있던 사람들 부근을 떠돌고 있기도 하다.

굳이 말하자면, 사람들이 죽어서 사바세계에 머물러 떠돌고 있는 이승이 지옥세계라고 할 수 있다. 그래서 지옥세계에서 천국, 천상, 천당, 저승으로 펼쳐진 하늘 세계로 들어가도록 행하는 천도 의식이, 망자를 위해서 이 지상에 살고 있는 자들이 베풀 수 있는 깊고 깊은 사랑임을 명심할 필요가 있다. 문제는 누가 제대로 된 천도를 할 수 있으랴?

천도라는 것은, 생전의 생각에서 벗어나지 못해 제자리를 찾지 못하는 망자들을, 각자의 위격에 맞는 하늘의 자리로, 또는 자손들의 지극한 정성과 천도자의 능력으로 더 나은 하늘의 자리로 찾아들게 하는 의식인데, 천지에 펼쳐져 있는 신의 세계를 제대로 알지 못하고, 능력도 안 되는 이들이 어떻게 천도를 한다는 것인가? 천도를 한다고 하나, 제대로 되기 어렵다. 지금까지 많은 종교 단체나 유사한 단체에서 행하던 천도는 당연히 올바른 천도가 아님을 명심하여야 한다.

(2) 천상천주님과 천상의 신

천상천주님께서 보여주신 하늘 조회 광경을 지도자는 처음으로 접하고, 천상 조회를 하시는 천상천주님 앞에서 수많은 천신과 지신이 벌벌 떨며, 우왕좌왕하는 광경을 보면서, 지도자는 전하고 있다.

〈하늘님께서 순수하게 조용히 인자한 할아버지처럼 은은하고 청량한 음성으로 말씀하십니다. 그러나 수많은 천신(天神)과 지신(地神)들은 벌벌 떨면서, 우왕좌왕 왜 이렇게 야단들인가?〉

지도자는 이러한 천상 조회를 직접 눈으로 접하며, 천상천주님을 모시며 함께 하시는 천신들로 "**천주대왕, 사관원장, 대천사, 천계천사**"를 위시하여 수많은 천신이 있음을 밝혀 주고, 부처로는 인류에게 큰 공덕을 쌓은 **관음보살**과 **지장보살**이 천상천주님의 부름을 받아 움직이고 있음을 전해 주고 있다. 천상천주님과 함께 하시는 천신들도 지도자를 통해서, 처음으로 세상에 알려지는 것이다.

그리고 대천사와 천계천사를 수종하는 수많은 천사들도 천상계와 지상계를 연결하며 사역하고 있음을 처음으로 알려준다. 천사까지의 신들이 천신에 해당한다고 하늘에서 알려주신다. 천상천주님을 모시는 신들이기에 위격이 매우 높은 단계의 신들이라는 것을 알아둘 필요가 있다. 천주교나 기독교 등에서 말하는 천사도, 일부 간절한 기도를 했던 이들을 통하여 전해졌을 것으로 판단된다.

지도자가 들여다본 신의 세계는 천신과 지신의 경계가 엄격하여, 지신은 천신 앞에 감히 나서지도 못한다고 전하고 있다.

신의 세계는 경계가 너무나도 명확하고, 스스로의 위격을 환하게 잘 알고 있기에, 위격이 낮은 신들은 높은 신들에게 감히 다가서지 못한다는 것이다. 그리고 신들 역시 깨달음과 빛의 경지가 있으며, 낮은 단계에 있는 신들은 인간 지도자에게도 특별한 경우가 아니면 다가서지 못한다고 한다. 이는 신의 세계가 환한 빛의 세계이기에, 환한 빛을 감당하지 못하는 신들은 더 환한 광명에 벌벌 떨게 된다는 것이다.

천상천주님의 천상 조회에서 그 모습을 여실히 알 수 있다.

2022년 6월 지도자가 부산 백양산 운수사 대웅전의 아미타불께 기도드리는 중에, 아미타불께서 내려주시는 말씀이다.

〈너희는 무지개 빛을 받고 있구나. 처량하게 군다면 얼마나 애달프게 보이겠느냐! 항상 너희는 밝게 하고 지내거라.
천상에서 회오리바람이 불 때까지 2년 꾹 참아라.
부국의 나라를 세울 수 있다. 천상의 어르신들과 함께 한다.
천상에는 이미 세워 놨다.〉

천신들 중 천상천주님을 위시하여, 천상천주님과 함께 하시는 가장 높은 반열에 계시는 분들을 "**열성조**"라고 전해 주신다. 특히 열성조에 해당하는 천신들에 대해서, 부처들께서는 "**천상의 어르신들**"이라고 말씀하며 깊이 경외하고 있다. 그리고 백양산 운수사 아미타불께서는 매우 중요한 말씀을 주신다. 지도자 일행이 무지개 빛을 받고 있다고 밝혀 주시고, 항상 밝게 지내라고 하신다. 2년 뒤에는 천상에서 회오리 바람이 분다고 하신다. 천상의 어르신들이 함께 하시기에, 부국의 나라를 세울 수 있다고 하신다.

하늘님이신 천상천주님을 위시하여 온 하늘이 동원되고 있는 엄청난 일이 우리 인류에게 일어나고 있는 것이다. 아미타불께서는 천상에서 이미 모든 것을 세워 놓았다고 말씀해 주신다.

(3) 지상의 부처들께서 들려주시는 말씀

그러면 부처들에 대해서도 알아보자.

지도자가 전해주는 하늘의 말씀과 부처들의 말씀으로는, 인류 대비겁기에 미륵불께서 중요한 역할을 담당하시기에 지금은 미륵불의 시대라고 한다. 다음 세상에는 아미타불께서 그 역할을 담당하신다고 한다.

그런데, 세상이 알고 있는 것처럼 미륵불은 한 분이 아니라는 놀라운 사실도 알려 주신다.

밀양에 있는 만어사를 방문하였던 지도자가 미륵불께 19번 예의를 드린다. 미륵불께서 스스로 두령 급에 속하는 미륵 부처라고 말씀하시며, "무여 미륵보살"이라 밝혀주시고, 많이 찾아 달라고 하신다. 사람들이 만어사에 와서는, 돌덩이만 찾는다고 한탄하신다.

〈"**네가 우주를 대항할 수 있는 큰 힘을 가지고 있구나.**" 앞으로 이곳 미륵 부처님은 "**두령 급에 속하는 미륵 부처**"라고 하신다. "**많이 찾아 달라.**"고 하신다. **불탑을 세울 때 그때 들려주면 좋겠다.**"고 하신다. **(중략) 물난리가 나도 안 무너지는 곳이다. 나를 "무여 미륵보살"이라 불러라. 현재는 있는 듯 없는 듯 있어, 사람들이 모르는 듯 하(다).**〉

밀양 만어사 미륵불께서는 "**무여 미륵보살**"이라 하시고, 두령 급에 해당한다고 하니, 놀라운 말씀 아니겠는가? 무여 미륵보살로 불러 달라고 하시는데, 두령 급에 속하는 미륵 부처라고 하신다. 그러니 어찌 미륵불께서 한 분만 있으시겠는가? 두령 급의 미륵불이 있으면, 다른 급의 미륵불도 계심을 능히 알 수 있는 일이다.

수많은 미륵불께서 천상천주님의 명을 받들어 인류 구원의 사역에 나서고 있는 것이다. 무여 미륵불께서 계속 하시는 말씀이다. 현재는 있는 듯 없는 듯 있어서 사람들이 모른다고 하신다.

수많은 미륵불들은 산 속의 큰 바위나 대개 절사에 모셔둔 불상에 임어하고 계시다. 과거 정성이 지극한 사람들에게 그 모습을 드러내어 부처상을 만들게 한 것도, 그 암석에 부처께서 계셨기 때문이었다.

물론 부처가 계시지 않은 빈 불상도 많다는 사실을 알아야 한다.

지도자가 통도사 비로자나불을 친견하고 나눈 대화로, 비로자나불께서 들려주시는 말씀을 우리들에게 전해주신다.

[그림 2] 통도사 비로자나불

〈동양 땅 어느 군소를 다녀 봐도 나와 대화가 되는 자는 보지를 못했다. 아니 듣는 놈도 없었다. 수만 가지를 알현하고 또 알현해도 누가 그런 소리를 알아듣겠느냐. 내가 이 땅에 내려온 지 3만 년 되도록 그런 일은 처음이다.〉

비로자나불께서 놀라운 말씀을 하신다.

통도사 비로자나불께서 이 땅에 내려오신지 3만년이 되도록 나와 대화하는 자는 처음이라고. 동양 땅 어느 군소를 다녀도 보지를 못했다고 말씀하고 계시다. 통도사를 찾아 비로자나불을 찾아 인사드려 보시라. 혹여 말씀이 들리는가?

3만년 동안 그런 일은 처음이라고 비로자나불께서 말씀해 주시고 계시다. 그러나 일반인의 입장에서 알 수 없는 일이다. 천신이 몸에 들어와 있는 신통의 경계가 되어야, 절사에 모셔둔 불상에 깃들어 계시는 부처의 실상을 볼 수 있으며, 부처의 말씀을 전해들을 수 있는 것이다.

[그림 3] 경주 남산 칠불암 마애미륵불

앞에서 전한 무여 미륵불께서 하신 말씀도 있지만, 미륵불이 한 분뿐일 것이라는 헛된 믿음도 이제는 버려야 한다. 절이나 산 속의 불상에 계시는 미륵불을 위시한 수많은 부처와 보살도, 이제 신통을 한 지도자에 의해 참된 부처의 모습이 드러나고 있다.

계룡산에도 계시고, 경주 남산에도 계시고, 경주 칠불암에도 계시고, 통도사에도 계시고, 처처에 미륵불이 계시면서 이 민족과 인류를 걱정하시며, 경계 말씀과 함께 복록을 주시려 하지만, 알아듣는 이가 없다. 어디 산이나 고찰뿐이겠는가?

인간의 생사권을 쥐고 계시며, 인류에게 새로운 생명력을 이어주시는 부처로 흰 부처이신 "**약사 온수 대미륵불**"이 있으시다. 본래는 천마산 자락에 계셨다. 특히 인류의 생사권을 쥐고 계시는 미륵불이시다. 약사 온수 대미륵불께서 말씀해 주신다.

[그림 4] 인간의 생사권을 쥐고 계신
흰 부처이신 약사 온수 대미륵불

〈내가 비록 한 평 남직한 이곳에 있지만, 이 세상 모든 것을 다 꿰뚫어 알고 있다.〉

약사 온수 대미륵불께서는 현재 충청남도 공주시 반포면 공암리에 있는 보타사라는 절사에 계신다. 큰 절은 아니지만, 그 절사에는 "**아미타불**", "**약사여래불**"을 위시하여, 칠성과 많은 불보살도 함께 하신다.

특히 약사 온수 대미륵불께서는 지도자와 제자 스님의 원력과 기도로, 그 절사의 한 평 남짓한 바위 위에 임어해 계시는 흰 부처이시다. 이 공덕으로 제자 스님은 대공이라는 명호를 받았다.

비록 인간의 눈에는 작고 보잘 것 없는 절사라도, 부처가 계시는 곳은 그 자체로 큰 사찰임을 알아야 한다. 아미타불과 약사여래불과 대미륵불의 축복을 받고 있는 대사찰이다. 신의 세계에서 보면 대단히 큰 사찰이라는 말이다.

(4) 새로운 기도법

인간보다는 신이 더 높은 경계에 있기에, 우리들은 신을 찾아 절을 하며, 기도하는 것이다. 절하며 기도하는 예법은 종교나 각 단체마다 자신들 나름의 의식을 만들어 놓고 있지만, 일반적으로 정성을 다해 큰절을 하면 된다.

그러나 산이나 야외에서는 신을 크게 만들고 모신다는 생각을 가지고, 두 손을 크게 벌린 후, 원을 그리며 천천히 가슴으로 두 손을 모아 허리가 다치지 않도록 15도 정도의 절을 하면 된다. 두 손을 크게 벌리는 것은 천지의 대신들을 받겠다는 뜻이 담겨 있다.

부처들에 대한 야외에서의 절이나 큰 절의 횟수는 그 부처들께서 말씀해 주신다. 절을 많이 하면 좋지만, 정성스런 절이어야 하며, 큰 소리의 기도를 드리면서 절을 하여야 한다.

말이 나와서 전하자면, 천상천주님께는 기본으로 89배의 예를 갖추라고 하신다. 우주의 으뜸 되시는 천상천주님께는 어떠한 신들보다 예를 더 갖추어도 모자랄 텐데, 89배를 올리라고 지도자는 전하고 있다.

그리고 대개 천신들에게는 87배, 부처를 비롯한 지신들에게는 7~10배, 또는 11배 정도, 보통은 19배의 예를 갖추지만, 그때그때에 따라, 천신이나 부처들께서 갖추어야 할 예법을 알려주시는데, 내려주시는 말씀을 알아들을 수 없으니 참으로 난감할 것이다.

기본은 19배의 예를 갖추는 것이 좋을 것이다. 그 곳에 계시지 않는 신명을 모시려고 할 때에는 77배의 예를 갖추면 된다고 지도자는 알려주신다. 무엇보다도 속마음과 겉마음을 한마음으로 하여, 절을 하는 것이 가장 좋은 인사법이다. 예를 갖추는 이의 마음을 그 순간 다 알아보시기 때문이다.

절을 할 때에 본인의 생년월일시와 이름을, 절 횟수에 따라 똑같이 연호하고, 기도 말을 5~10회 반복해서 소리 내어 말씀드리며 기도하면 된다. 서서 하든, 앉아서 하든, 소리 내어 집중 정근 기도하되, 정심을 다해 기도하면 된다. 여기서 중요한 것은 반드시 소리를 내어서, 자신을 소개하거나 기도하여야 한다. 마음속으로 하는 기도는 신이나 부처들께서 듣지 못하신다고 한다. 오히려 큰 소리로 말하라고 하신다.

지도자께서 경주 남산 배동 삼불사 앞, "석조여래삼존입상"에 기도드리게 되었다(사진 참조).

삼존 입상에 대해 여러 설명들이 있지만, 안내판에는 왼쪽에 계시는 불상에 대해서만 관음보살로 추정된다고 설명하고 있다.

그런데 지도자께서 기도드리려고 하니, 가운데 계시는 분께서, 지도자에게 문수보살이라 신원을 밝혀주시고, 7번 절을 하라고 하신다. 보는 방향으로 문수보살 왼쪽에 계신 분은 미륵존불이시고, 오른쪽은 아전이라고 말씀 주신다. 미륵존불께서는 1,300년 전에 오셨는데, 동양에서 제일 큰 어른이라고 하신다. 아무도 알지 못해 추정만 하였던 불상의 실체를, 문수보살께서 처음으로 지도자에게 밝혀주신 것이다.

〈가운데 계신 분은 문수보살이라 하시며, 왼쪽은 미륵존불이시며, 오른쪽은 아전이라고 말씀하신다. 문수보살께서 누구나 부와

명예를 주신다고 하신다. **"사람들이 와서는 소곤소곤 조그맣게 말을 하니 모른다. 너희들처럼 말을 하는 사람은 드물다. 지들만 와서 쭈삣쭈삣하고 가면 소용이 없다. 항상 참 얘기를 하면 안전하게 해준다. 참으로 어진 이들께 무엇을 할 것인지를 말 올리는 거니까.**

조그맣게 스물 스물한 말들보다는, 이렇게 내치면서 크게 입으로 말하는 이들이 너희들 말고, 어디에 얼마나 있겠느냐? 참 소망을 이야기하고, 그렇게 해야지만 그릇이 얼마나 큰가를 알 수가 있다. 혐오진 말만 아니면 내가 다 알아듣는다. 주적주적 하지 말고, 있는 그대로 말을 해야 다 이루어진다. 부드럽게, 이무롭게 이야기 해줘서 고맙다." (이후 생략)〉

문수보살께서, 부처들을 참으로 어진 이들이라고 하신다. 그리고 입으로 참 소망을 올릴 때, 쭈삣쭈삣, 조그맣게 스물 스물 말을 하면 듣지 못하니 소용이 없다고 하신다. 혐오진 말만 아니면 다 들어준다고 하신다. 큰 소리로 참 소망을 기도하면, 그릇이 얼마나 큰가도 알고, 그래야 다 이루어진다고 하신다. 문수보살께서 참 기도법을 말씀해 주시는 것이다. 경주를 찾을 일이 있으면, 한번 찾아가서 인사드리고 큰 소리로 또박또박 참 소망을 말씀드리며 기도해보기 바란다.

(5) 상제는 하늘님인가?

종교에서 찾는 신(神)은 실체가 있긴 하지만, 경주 남산 배동 삼불사의 석조여래삼존입상처럼 잘못 찾고 있는 예는 굉장히 많다. 그리고 허상도 있으며, 무속에서 전하는 신들도 마찬가지이다.

그래서 그동안 우리가 신의 세계에 대해서 잘못 알고 기도하고 있는 것이 아닌지, 실체도 없는 허상을 좇아 기도하고 있었던 것은 아닌지 헤아려야 할 때가 왔다. 물론 그것이 말처럼 쉬운 일은 아니다.

깨끗하고 조용한 산이나 절사에 아미타불, 미륵불, 약사여래불, 비로자나불, 관세음보살, 지장보살, 문수보살, 보현보살, 칠성여래불 등 수많은 부처와 보살, 천관, 선관, 무극신장, 천주신장 등의 신들이 인간들에게 복록을 주시고 있으며, 명당을 지키며 명당을 알려주시는 선관 도사도 있으나, 대부분은 잘 알지 못하고 있다.

오래된 주요 산사나 산의 불상에는 대개 부처들이 계신다. 그러나 유명한 고찰이라 해도 새로 불상을 들여놓은 것은 대개가 허불을 모셨다고 지도자는 전하고 있다.

한편 하늘님으로 알고 기도하고 있는 상제에 대해 다시 살펴보아야 한다. 특히 동양권에서 상제를 하늘님으로 알거나, 그렇게 하늘님으로 해석하여 기도하고 있는데, 과연 실체가 있으며, 바르게 기도하고 있는 것일까? 흔히들 위 상(上), 임금 제(帝)의 의미로 하늘의 임금, 나아가서 하늘님으로 알고 기도하는 이들이 많다.

앞에서 하늘님께서는, "**하늘님이라 하라. 나는 천상천주이니라.**" 라고 말씀해 주셨다. 그러니 하늘님께서는 상제가 아니라고 명확하게 말씀을 내려주셨다. 그러면 하늘님이신 천상천주님과 상제에 대해서 어떻게 알아야 할 것인가?

과거 역사 속에 기록되어 있고, 지금도 종교 한편에서 하늘님으로 언급하고 있는 상제에 대해, "**우주대황제**" 되시는 천신께서 임하시어, 상제는 천신중의 한 분이지만 하늘님이 아니라며, 이렇게 전해 주셨다.

〈천상천주님을 비롯한 천신 분들을 일컬어 열성조라고 한다. 옥황상제보다 "하무"라는 분을 더 중시해야 한다. 하무는 열성조 중의 한 분으로 이 세상을 편안하게 해 주시는 분이다.〉

세상이 알고 있는 상제라는 천신이 있지만, 하늘님이 아니라는 놀라운 사실을 말씀해 주신다. 신계와의 소통이 이루어지기 시작하면서, 더 명확한 천상의 신계를 알 수 있게 된 것이다.

상제라는 단어는 하늘님을 한자(漢字)로 표현한 것이라고 하지만, 실제 하늘님이 아니며, 천신 중의 한 분일뿐이라는 말씀이다.

신의 세계에 옥황상제 또는 상제라는 천신이 있지만, 열성조에도 포함되지 않는다고 하신다. 오히려 열성조의 한 분이시면서, 이 세상을 편안하게 해 주시는 "**하무**"라는 천신을 더 중시하여 받들어야 한다고 전해 준다. 이 사실을 전해 주시는 "**우주대황제**"라는 천신이 계시다는 사실도 우리를 참으로 놀라게 한다.

우리들은 천신이든 지신이든 신계에 대해 얼마나 무지하고, 몽매한가? 상제를 하늘님인 양, 상제(上帝)라는 한자(漢字)로 표기한 내용 역시 신에 대한 무지와 미몽이 어우러져 생긴 일이고, 결국 신과 역사의 왜곡으로 나타난 것이라고 할 수 있다.

천상천주님께서, 천부경 말씀을 내려주시며, 우주의 많은 일을 걱정하시는 "**운무**"라는 신이 계심을 말씀해 주시기도 한다.

신의 세계에 인격신도 있지만, 자연신도 함께한다. 산이 많은 우리나라에는 우리 삶에 많은 영향을 주시는 신으로 산신령과 산왕대신이 있으며, 천지신명도 함께 하신다. 특히 산왕대신과 천지신명께서는 국운이나 사람들의 평생 운을 알려 주신다고 한다.

〈산신령님은 호랑이고 산왕대신은 사자, 수사자 모습으로 보이고, 나무로 깍은 말에 앉았다가 할아버지가 또 호랑이로 변해요.

할아버지가 하얀 바지저고리 입었다가 확 바뀌면 수사자 하얀 중의적삼 같은걸 입으시고 누군지 물으면, "나는 산왕대신이다." 그러세요. "어디서 오셨습니까?" 하니, "나는 태백산 백운대에서 온 산왕대신이다." 하세요.

우리나라 산왕대신은 여섯 분이 계신데, 태백산에 두 분 계시고 지리산 천왕봉에 세 분 계시데요. 도덕골에 한 분 계시고.〉

한편 용왕대신과 용신이 계신데, 용왕대신은 인격신으로 용신은 자연신으로 존재하시는 것이다. 용신은 엄청난 위용을 드러내기도 하고, 몸체를 줄이기도 하는 조화의 경계를 보여주기도 한다는 것이다.

앞에서도 언급하였듯이, 신계에는 엄격한 위계가 있음을 알아야 한다. 천신이 계시는 곳에 지신이 함께 있을 수 없음이며, 만약 인간이 천신과 지신을 한 곳에 모셔 기도한다면, 그 자체로 부정을 저지르는 일이기에, 반듯하게 알고 기도에 임하여야 한다.

이렇게 신계의 모습이 지도자에 의해 드러나고 있다. 이는 대환난을 거치면서 열리는 새로운 세상에서는 신들의 세계도 그 경계가 열려 인간과 소통이 가능하게 되기 때문이다. 구원의 지도자를 통하여 신의 세계가 활짝 열리고, 신과의 소통이 본격적으로 시작되고 있는 것이다.

후천의 새로운 세상을 여시기 위해, 모든 인간과 신들의 으뜸 되시며, 우주의 삼라만상을 주재하시는 천상천주님께서 지도자를 불러 친견하게 하시고, 하늘님이신 천상천주님의 참 모습을 알려주신 것이다.

4

수천 년에 한 번씩 변하는 지축

(1) 불평등의 근원, 기울어진 지축

고난이 난무하니 갈 곳이 어디인가, 한발 앞을 예측하지 못한다.

일시무시(一始無始)의 무(無) 말씀 중

지축 변화로 일 년은 360일이 된다.
그로 인해 앞으로 누구나 50년쯤 생명이 연장된다.

표현에 차이가 있긴 하지만, 종교단체와 예지자들이 예외 없이 전하고 있는 이야기는 인류에게 닥칠 대환난이다. 이들은 이구동성으로 우리 인류가 말할 수 없는 대환난을 겪게 될 것이라고 전하고 있다.

그 중에서도, 과거 명 왕조 개국 재상이었던 유백온은 자신의 비기인 '유백온비기'와 '추비도'에서, "사람마다 서로 경계하니 넘기가 몹시 어려우나, 하늘이 교체하는 용사년을 기필코 넘어야 한다.", "인묘진사년을 넘기기 어렵지만 이를 넘기만 하면 살아있는 신선이 될 것이다."라는 말을 남겼다. 그리고 우리나라에서 많은 사람들에 의해 주목받고 있는 남사고는 자신의 비기인 격암유록에, "진사성인출 오미낙당당"이라는 말을 남겼다.

두 사람 모두 묘하게도 진사년을 말하고 있다. 수많은 진사년이 오고갔지만, 문제는 대환난이 나타나는 진사년 시간을 제대로 모른다는 것이다. 우주의 시간대를 제대로 계산하면 알 수도 있겠지만, 어느 누가 있어서 제대로 계산할 수 있겠는가?

어쨌든 이들 역시, 사람들이 대환난의 시기를 넘어 살아남기를 바라며 이러한 말들을 남겼을 것이다. 이들은 담담하게 전하고 있지만, 인류가 겪게 될 대환난의 실체는 상상을 넘어서는 대비겁이며, 그렇기에 구원 또한 간단하지 않는 중차대한 일이다.

하늘님과 천지의 신들이 동원되는, 그런 엄청난 사건인 것이다. 인류가 겪어야 할 대환난에 대해서 여러 이야기가 있지만, 단연코 말하건대, 이 대환난은 인간의 선악 문제로 인해 오는 것이 아니다. 선한 사람은 살고, 악한 사람은 죽게 되는 선택의 문제가 아니라는 말이다.

인류에게 나타날 대변혁은 인류를 포함한 모든 생명체를 담고 있는 우주의 대변혁이다. 선악, 특정 종교, 이념 문제 등과는 관계없이 인류에게 파국에 이르는 엄청난 영향을 미치는 무심한 대자연의 변혁이다.

이 변혁으로 선천에서 후천으로 넘어가는 하늘의 교체가 이루어지는 셈이다. 하늘이 교체된다? 하늘이 어떻게 교체된다는 말인가? 그 실상을 알아보자.

지축 변화로 일 년은 360일이 된다.
그로 인해 앞으로 누구나 50년쯤 생명이 연장된다.

천상천주님께서 지축이 변화한다고 전해주신다. 그 지축의 변화로 지구 1년이 360일이 되는 변화이다. 지구 1년이 360일이 된다는 것은 이미 많은 동서양의 학자들이 전해주는 우주 변화 사실을 천상천주님께서 인정해 주신 것이라 할 수 있다. 인간의 지식이 신의 경계까지 가 있다는 말씀을 상기할 필요가 있다.

우주는 지금 23.5도로 기울어져 있어서, 지구는 태양을 중심으로 타원 궤도를 돌며, 기울어진 상태에서 지구 스스로 회전도 하고 있다. 그래서 밤낮의 길이가 변화하고, 지구 1년이 365.2544일로 움직이고 있다. 그러기에 365일도, 4년 걸쳐 하루를 조정하고, 또 몇 년에 걸쳐 조정하여야 한다.

한편 동양 학자들은 지구의 기울어진 방향이 양의 방향으로 치우쳐 있다고 말하고 있다. 그렇게 치우쳐 있는 음양의 모습이 인간 세상에도 그대로 투영되어, 남(양), 여(음) 짝도 양의 방향으로 치우쳐 반듯하지 못하다. 남성(양)을 귀하게 여기고, 여성(음)을 비하한다는 남존여비라는 형태의 제도들도 여기에서 비롯되고 있다. 뿐만 아니라, 인류 사회의 모든 영역에, 심지어 종교 영역에도 영향을 미쳐, 음양이 불평등한 제도들로 나타났다. 혹자들이 말하는 사회 불평등이, 현재의 잘못된 정치나 제도로, 또는 경제 활동으로 생기는 것으로 말하지만, 더 근원의 문제는 바로 불평등한 우주 대자연의 환경에서 비롯된다는 사실이다.

자연의 불평등은 인간의 심성에도 영향을 미쳐, 사람들이 편안하고 온전한 심성을 갖기 어렵게 만든다. 또한 자연의 기울어진 모습은 인체에도 영향을 미쳐, 인체 장기들도 23.5도로 기울어진 불균형한 상태로 자리 잡고, 나이가 들면 불균형한 인체의 기운들이 충돌하며 오래 살지 못하고 병들어 죽게 된다. 이것이 우리들의 현재 모습이다.

기울어진 지축이 인류 사회 모든 불평등과 단명을 야기하는 문제의 원인이라면, 지축은 왜 기울어져 불평등을 야기하는 걸까?

자연과학의 답으로 알 수 있을까?

신의 경계에까지 가 있다고 하는 자연과학의 지식이라고 해도 우주의 비밀을 어떻게 다 알 수 있을까?

불평등을 야기하는 기울어진 우주 모습은, 그렇게 해야 하는 매우 중요한 이유가 있다. 우주의 기울어진 모습이 비록 불평등을 야기하지만, 불평등보다 더 중요한 일을 우주가 해야 하기 때문이다.

기울어진 우주 모습이야말로 자신이 품고 있는 생명체들을 낳아 키워나가는 데에는 최상의 환경이라는 것이다. 우주는 수많은 생명체를 낳아 길러내기 위해서, 강력한 양의 에너지 기운을 필요로 한다. 생명을 낳아 길러내는 강력한 양의 에너지를 얻기 위해, 우주는 자신의 축을 양의 방향으로 더 기울어, 불균형의 상태로 움직이게 된다.

말하자면, 생명을 잉태하고 강하게 키워나가는 양의 에너지를 가장 많이 낼 수 있는 상태가 지축이 기울어져 있을 때라는 것이다.

이 기울어진 환경 속에서 경쟁을 통해 생명을 잉태하고, 강하게 키워나가는 것이다. 약한 자는 도태하게 되고, 강한 자가 살아남도록 한다. 우주는 자신이 담고 있는 생명체를 그렇게 키워 나가는 것이다. 그러나 생명을 키워내는 데는 탁월하겠지만, 이것은 오히려 불평등한 질서를 만들어 내게 된다. 이런 질서의 일부를 알아낸 학자들이 자연도태니, 적자생존을 말하고 있지만, 자연의 일부 사실만 알아내어 전달한 내용일 뿐이다. 그래도 일부나마 자연의 실체를 밝혀낸 것은 대단한 지적 노력이라 할 수 있다.

기울어진 축이 생명을 잉태하고 기르는 힘을 강력하게 얻을 수 있지만, 동시에 품고 있는 불평등의 기운은 그 속에서 사는 생명체에도 그대로 영향을 미쳐, 수명은 짧아지고, 갈등과 투쟁이 만연한 삶이 우주 전체에 전개되는 것이다.

지금의 우주가 이러한 불평등한 환경이지만, 한편으로는 가장 강하고 튼실한 인간을 낳아 기를 수 있는 환경이기에, 이 속에서 지도자를 양육하고, 지도자가 온전한 세상을 열어 나갈 수 있는 능력을 갖도록, 하늘님께서 지도자에게 축복을 내려주신 것이다. 온전한 인류의 세상이 열리는 그 가운데, 더 많은 인류가 축복을 받도록, 지도자를 양육하여 내어 주시고, 인류 최고의 문명을 열도록 하셨다. 그 최적의 환경으로 가는 대자연의 변화가 바로 지축 변화이며, 하늘의 교체인 것이다.

(2) 바로 서는 지구와 인류의 미래

지축이 바로 선다!

좁게는 지구의 축이 바로 서는 일이지만, 넓게는 대우주의 축이 바로 서는 일이다. 모든 자연의 질서가 조화를 이루며, 음과 양이 모두 반듯하게 자리 잡는 것을 말한다.

지축이 바로 선다는 것은 밤(음), 낮(양)의 길이가 같아지고, 지구 1년 역시 음양이 같아진다는 것이다. 지구는 태양을 타원 궤도로 도는 상태에서 정원 궤도로 돌게 되며, 지구 스스로도 똑바로 서서 자전운동을 하게 된다.

음양이 같아진다는 것은 달력이 항상 같은 1달 30일, 1년 360일이 되는 것이며, 1년 사계절에 극한(極寒), 극서(極暑)가 사라지고, 모든 생명체가 살아가는데 최적의 환경이 된다는 것이다.

음양이 같아지면서, 생명을 잉태하여 키워나가기에는 문제가 있으나, 생명을 활성화하여 뜻을 이루는 데에는 최적이 되며, 인간이 오랫동안 고민하여 왔던 불평등은 사라지게 된다.

대자연을 본받아 인체에도 변화가 오고, 인간의 심성에도 큰 변화가 나타난다. 갈등과 투쟁은 잦아들면서 인류 문명은 과거 잘못된 모든 것이 사라지고, 본래의 제자리를 잡게 된다.

대자연이 제자리를 잡으면서, 모든 신들도 자리 잡아 가게 된다. 그래서 지축이 바로 서기 전에, 비뚤어진 모든 신의 세계가 제자리를 잡게 되어, "**종교 판에 자리 잡고 있었던 잡신들이 모두 흩어져 버린다.**"는 것이다. 신과 인간 사이의 바른 소통을 막고 있었던 잡신들이 사라지면서, 사람들도 자연스럽게 정신이 맑아지게 되며, 참된 믿음의 길을 찾아 나서게 된다. 그리고 선천 세상의 불합리하고 불평등한 모든 이념과 제도들도 변화하게 된다.

이렇게 자연의 정연한 질서는 사람에게도 직접적인 영향을 미치면서, 수명은 길어지고, 스스로 자신들의 위격을 환히 알아서, 사회의 불균형한 질서가 바로 잡히고, 사람들은 대자연의 질서 속에서,

신과 더불어 소통하면서 인간 성숙의 꿈을 실현하는 것이다.

말하자면 우리 인류가 그토록 그리워하며 찾아왔던, 그런 지상낙원이 펼쳐진다는 것이다. 신명들께서 말씀하시길, "**인간 세상에서 말하는 요순시대가 펼쳐진다.**"는 것이다. 이상향의 세계가 펼쳐진다는 말씀이다.

천상천주님께서는 어버이와 아들로 묶어진 인류의 지도자를 보내주시고, 그 지도자로 하여금 만들어 나가라고 하신 새 세상을 이렇게 말씀해 주신다.

모든 사람을 다 갖추어 봄날에 눈 녹듯이 환난을 벗겨서 꽃다운 환한 세상을 온 누리에 빛나게 하니라. 그렇다! 하늘은, 온 인류를 하늘의 자식으로, 만백성의 어버이로 진솔한 빛이 은은한 향기로운 곳에서 마음껏 피어나야 하느니.

이제껏 우리 인류는 하늘님께서 내려주시려 하는 축복을 제대로 알지 못했다. 지도자를 통해서, 봄날에 눈 녹듯이 환난을 벗겨낸다고 하신다. 살아남은 모든 사람들로 하여금, 편협과 분파에서 벗어나 대화합을 이루어 다 갖추게 하고, 꽃다운 환한 세상을 만든다고 하신다. 그 환한 세상이 온 누리에 빛나게 한다고 하신다.

하늘 세상과 같은 환한 세상!

우리 한 민족의 역사 속에 등장한 모든 나라들은 한결같이 광명과 빛의 나라였다. 그 첫 나라인 환국이 환한 나라, 광명의 제국이었다. 환한 세상을 열어주시는 하늘님의 축복이 가득 찬 세상, 그런 새로운 세상을 인류에게 내려 주신다.

우주 환경이 바뀌면서, 신과 인간의 모든 비밀도 다 풀어지며, 천상천주님의 말씀에 따라, 온 우주가 “**꽃다운 환한 세상을 온 누리에 빛나게 하**”고, “**하늘은, 온 인류를 하늘의 자식으로, 만백성의 어버이로 진솔한 빛이 은은한 향기로운 곳에서 마음껏 피어**”나게 되는 것이다.

하늘은 온 인류를 하늘의 자식으로 여기며, 만백성의 어버이로 함께 하시고, 신과 인간이 더불어 살아가며, 지금의 정치, 사회, 경제 구조와는 다른, 조화의 세상이 전개되는 것이다. 하늘님과 함께 하는 사회가 이루어지며, 인류를 위한 기술은 더욱 고도화되고 대자연과 인류가 서로를 위하는 사회로 나아가게 된다.

그렇다고 해서 차이가 전혀 없어지는 것은 아니다. 운삼사(運三四)의 운(運)에 대한 말씀으로, 사람에 따라서 차이가 있다고 말씀하시고, 일을 더 하는 자, 힘이 남는 자에게는 더 주어서 희망을 갖도록 하게 하라고 하신다.

일을 더하고자 하는 자, 힘이 남는 자에게 텃밭을 주고, 부지런한 자 덕으로 알고 덤으로 비답을 더 주어서 희망을 줘야 한다. 일한 것 만치 더 주니 편안하다.

대환난이 끝나면, 우리 인류는 원시 사회로 돌아간 상태에서 문명을 처음부터 새롭게 일구어 나가야 한다. 새로운 문명을 일구어 나가는 과정에서, 사람들 저마다 가지고 있는 힘이나 지략, 그리고 역량의 차이에 맞게 더 주면 모두가 편안하다고 하신다. 차이를 인정하시되, 지극정성으로 하늘에 경배하면, 하늘에서 복을 내리신다는 말씀도 주신다.

복이 하늘에 있으니 하늘에 항상 경배 하라, 지극정성으로

그러나 이러한 차이가 선천 세상에서처럼 갈등과 투쟁을 만들어 내는 차이가 아니고, 각자의 직분을 바르게 알고, 순응하며, 서로를 위하는 대화합의 사회 모습을 만들어 가는 생명력으로 작용하게 된다.

(3) 지축 정립과 대환난

문제는 우주 환경이 급격하게 변화하는 격동기에 살고 있는 우리들이다. 기울어진 우주가 바로 서는 엄청난 대격변과, 그로 인해 발생하는 대환난을 지금의 인류가 직접 부딪치며 넘어서야 한다는 것이다.

천부경 일시무시(一始無始)에서 무(無)의 말씀 중 한 부분이다. 하늘님께서는 이 무(無)에서 인류가 무너지는 대비겁을 말씀해 주신다.

고난이 난무하니 갈 곳이 어디인가, 한발 앞을 예측하지 못한다.

온 우주가 겪어야 하는 엄청난 격변의 사건이기에, 천상천주님께서 천상의 열성조와 함께, 보름날마다 천신과 지신의 조회를 받으시고, 직접 주재하시며, 인류의 "**대가로니**"(최고 우두머리라는 의미)로 지도자를 교육시켜, 인류를 대환난으로부터 건져내시는 것이다.

엄청난 격변의 사건! 지축이 바로 선다!

지축이 바로 서는 사건은 몇 순간이겠지만, 그 전후 과정에서 어떤 일들이 벌어지기에, 하늘님이신 천상천주님께서 직접 나서시는 것일까?

전 세계는 화산 폭발 및 대지진으로 혼란을 겪게 된다. 세계적으로 기근이 든다.

지축이 바로 서는 과정에서, 전 세계는 연쇄적인 화산 폭발과 대지진으로 혼란을 겪게 된다고 말씀하신다. 화산 폭발과 대지진 등의 변화들이 기후에도 영향을 미치면서 세계적인 기근이 든다고 하셨다.

지축이 선 이후에 벌어지는 일들을 천상천주님께서 전해 주셨는데, 말씀을 받드신 대가로니인 지도자의 전언을 더 알아보자.

〈우리 땅 일부가 일본의 침몰로 인한 바닷물 공격으로 36,000년 동안 침수된다. 우리 한반도를 한번 동해 바닷물이 치고 서해 바다로 넘어간다고 하늘님께서 말씀하셨다. 그때 자동으로 통일이 되며, 일본은 씨도 없이 바다 속으로 사라지며, 이때 변화가 있은 후, 중국 대륙으로 진출하라고 하셨다. 이때부터 후천 세상이 시작되는 것이다. 그 일이 시작되면 지구의 인간은 지금의 지식을 잊어버린다고 한다.〉

굉장히 많은 내용을 담고 있기에 하나씩 다시 살펴보자.

1. 우리 땅 일부가 일본의 침몰로 인한 바닷물 공격으로 36,000년 동안 침수된다.
2. 우리 한반도를 바닷물이 치고, 서해 바다로 넘어간다.
3. 그때 자동으로 통일이 된다.
4. 일본은 씨도 없이 바다 속으로 사라진다.
5. 이 변화가 있은 후, 대륙으로 진출하라.
6. 일이 시작되면, 지구의 인간은 지금의 지식을 잊어버린다.

시간 순서대로 전개되는 모습을 다시 정리해 보자.

1. 일본은 씨도 없이 바다 속으로 사라진다.
2. 우리 한반도를 바닷물이 치고, 서해 바다로 넘어간다.
3. 우리 땅 일부가 일본의 침몰로 인한 바닷물 공격으로 36,000년 동안 침수된다.
4. 일이 시작되면, 지구의 인간은 지금의 지식을 잊어버린다.
5. 그때 자동으로 통일이 된다.
6. 이 변화가 있은 후, 대륙으로 진출하라.

먼저 일본에 대한 말씀을 주신 것이다.

지축이 반듯하게 서기 전에 먼저, 엄청난 지진이 나타나며, 그 지진으로 일본의 모든 땅들이 바다로 침몰하게 된다. 일본은 씨도 없이 바다 속으로 사라진다는 말씀이다. 비단 일본뿐이겠는가?

지금의 일본은 더 극심해진 지진 발생으로 나라 전체가 심한 내홍을 겪고 있다. 그런데 씨도 없이 바다 속으로 사라진다고 하신다. 중국도 엄청난 지진과 물난리로 말할 수 없는 지경이 벌어진다.

지금 일본과 중국에서 발생하고 있는 자연 재해는 앞으로 전개될 일들의 시작에 불과한 현상들일 뿐이다. 엄청난 지축 변화는 세상의 모든 나라들에게도 똑같이 발생하며, 대환난에 빠지게 된다.

그런데 일본과 중국에 대한 말씀도 새겨야겠지만, 우리에겐 우리들에게 벌어질 일들에 대한 말씀이 더 강하게 다가온다.

일본의 침몰은 그 자체로 끝나는 것이 아니다. 일본의 침몰은 전 세계에 영향을 미치는 엄청난 해일을 일으키게 된다. 그 해일로 동해 바닷물이 한반도를 치고 넘어, 서해 바다로 넘어가는 엄청난 일이 발생한다. 백두대간이 한반도의 완전한 방파제인데, 그 방파제를 뛰어넘는 동해 바닷물. 생각만 하여도 끔찍하지 않는가?

그러니, 앞을 내다보시는 부처들께서도 이만저만 걱정이 아니신 것이다. 지도자께서 승가사에서 기도하고 있는데, 승가사 마애불(미륵불이라고 밝혀주심)께서 말씀을 전해 주신다.

〈동해의 물이 저 아래 공양간까지 물이 들어온다. 그때는 일본은 없어지고, 그로 인한 바닷물이 우리 반도를 치고 넘어가면서 통일이 이루어진다.〉

북한산에 있는 승가사의 공양간까지 바다 물이 들어온다고 한다. 이 말씀에 따르면, 서울과 경기도도 온전하지 않을 것 같다. 그러니 승가사 미륵불께서도 걱정이 많으시다. 그런데 어느 누가 미륵불의 걱정스런 말씀을 들을 수 있겠는가?

바닷물이 한반도를 공격한다는 표현에 우리는 주목할 필요가 있다. 그 모습을 이렇게 실감나게 전해 주신다. 일본 침몰로 인해 발생한 어마어마한 해일이 일어나 한반도의 백두대간을 치고 넘어, 서해 바다로 넘어가는 엄청난 대환난.

사람들이 통일을 말하고 있으나, 통일은 현재의 사람들이 생각하고 있는 것처럼 되지 않는다. 바닷물이 우리 한반도를 치고 넘어가고, 그 이후에 통일이 이루어진다는 미륵불의 말씀이다. 반드시 새겨야 할 말씀이다.

서울 은평구에 있는 북한산 자락의 삼천사에 계시는 마애미륵불께서, 근처를 지나는 지도자를 부르시며 말씀을 주신다. 마애미륵불께서 매우 걱정하시며, 앞으로 이 땅에 일어나는 몹시 슬픈 일들을 모든 신명들이 다 알고 애통해 한다고 하신다.

〈머지않은 세월 시간에, 이 땅에는 아픔과 억울함과 몹쓸 힘으로, 안 편하고 못쓰고 힘겹고, 저 들판에서 아비귀환이 일어나! 안쪽에서 이렇게, 한쪽에서 이렇게, 모두 앙앙앙 울어.
모든 신명들은 다 알고 있다. 그것들을!
나쁜 일 너무 크게 일어난다.〉

머지않아 이 땅에 일어나는 아비귀환을 말씀하신다. 모두가 앙앙앙 우는 일이 일어난다고, 나쁜 일이 너무 크게 일어난다고!

하늘에서 내려주시는 말씀은 바닷물이 넘쳐나며, 사람들에게 휘몰아 덮치는 모습을 더 적나라하게 전해주시면서, 그 때는 몸만 빨리 빠져나와야 한다고 말씀해 주신다. 이 엄청난 난리의 시작과 끝이 4개월간 이어진다고 하신다.

〈지축의 변화가 시작되는데, 그것은 4개월에 걸쳐 시작과 끝이 있다고. 엎어지고 넘어지고, 휘몰아치고, 너울너울 동산을 집어삼키고, 오지랖도 넓게 마구 쓸어 덮으며 물로 평야를 만든다고. 그때는 몸만 빨리 빠져나와야 된다.〉

충남 논산 관촉사에 계시는 은진 대미륵불께서도, 기도하러 간 지도자에게, 이 고장의 사람들은 물론이고, 세상의 많은 사람을 구하는 것이 너의 몫이라고 하시고, 큰물이 새벽에 밀려온다고 하신다.

〈너희는 부처와 같으므로 이 고장도 너희가 더 구해야 된다. 너보다 더한 이는 없다. 너희 몫이니까. 많은 사람을 구해야 그 뜻

을 펴는 것이다. 언제나 온 세상을 밝고 환하게 하는 것이 너의 일이다. 그것은 온전한 마음에서 오는 것이다.

부귀와 영화는 한세상이니까, 온전한 네 세상을 만드는 것도 큰 꿈을 펼치는 것이다. 온순한 편안한 마음 내가 하늘에서 이렇게 저렇게 다 보고 다녔다. 이것을 너희가 하는 일이다.

큰물은 새벽에 밀려온다. 4~5명씩 뭉쳐서 지내야 된다.

닭도 몇 마리 가지고 가서 길러라. 닭이 시계가 된다고 행운을 불러 준다. 닭이 울어 주는 것은 명복을 빌어 주는 것이니 안 되는 것 없이 다 잘 되는 것이다.〉

[그림 6] 관촉사 은진 대미륵불

북한산 삼천사 마애불께서도, 승가사의 마애 미륵불께서도, 논산 관촉사의 은진 대미륵불께서도 큰물이 세상에 닥치니 사람들에게 피하라고 당부하신다. 나아가서 지도자에게, “**이 고장 사람들도 더 구해 주어야 하지 않겠냐?**”고 말씀하신다. 이 사실을 아는 사람이라면, 한번쯤은 논산 관촉사 은진 대미륵불을 찾아뵙고, 대자비에 대한 감사의 절을 올려야 하지 않을까?

전해주시는 말씀에 따르면, 일본, 중국뿐만 아니라 세계 모든 나라들도 온전치 못한데, 그나마 지구의 배꼽 부근에 위치한 우리나라의 경우, 다른 나라들의 환난에 비하면 그래도 나은 편이라고 하신다.

한국은 지구의 배꼽 부근에 있는 나라로, 인체로 말하면 중심에 있는 자리라고 한다. “**배꼽은 지리산 자락의 천마산**”이라고 말씀하신다.

대가로니인 지도자께서 천상천주님을 친견한 곳이다.

지도자께서 천상천주님의 말씀을 전하신다. “**그 일이 시작되면 지구의 인간은 지금의 지식을 잊어버린다.**”고.

천상천주님께서 일본과 한반도에 이런 변화가 있은 후에 후천 세상이 시작된다고 말씀해 주신다. 이 변화는 지축이 바로 서는 변화인데, 지축이 반듯하게 서게 되는 변화의 순간, 지구의 모든 인간은 그동안의 모든 지식은 잊어버리고, 원시인으로 살아가게 된다고 하셨다.

지축의 변화 충격은 전 우주에 걸쳐 나타나며, 지구가 타원 궤도의 운동에서 정원 궤도의 운동으로 바뀌고, 지축이 바로 서면, 인간 몸 안의 기울어져 있는 장기들도 바로 서는 등 인간 육신도 엄청난 충격을 받게 된다.

앞으로 우주가 바로 서면, 심장이 바로 서고, 간이 숨을 쉰다.

"**간이 숨을 쉰다.**"라는 놀라운 말씀이다. 허파로만 숨을 쉬는 것이 아니라, 간도 숨을 쉬면서, 우리 인간들의 생명이 새롭게 피어나는 것이다. 이로써 머리털도 이빨도 다시 나고, 눈도 밝아지며, 젊은 피부로 변화하게 되는 등 새 생명의 기운이 돌게 된다.

좋아지는 것도 있지만, 엄청난 충격이 동시에 오게 된다. 지축 정립 사건은 몸 내부에 엄청난 충격을 주게 되어 죽는 사람도 있겠지만, 충격을 견딘다 하더라도, 그 충격으로 지금까지의 모든 지식을 잊어버리며, 한 치 앞도 알지 못하는 원시인이 된다는 것이다. 그래서 가장 원초적인 본능만 추구하는 동물 수준의 원시인으로 전락하게 된다.

이러한 현상은 전 세계 모든 인류에게 똑같이 나타나게 된다. 이때 하늘님의 대행자이며, 인류의 대가로니인 지도자께서 인류 구원의 위대한 발걸음을 시작하는 것이다.

하늘님의 천명을 받든 지도자는 하늘에서 내려주신 청음으로, 기억이 지워져버린 우리 민족을 먼저 깨어나게 한다. 인류 구원의 천지기밀인 청음은 천상천주님께서 지도자를 교육시키신 후, 그 때 가서 다시 열어주신다고 지금은 봉인해 두신 상태이다.

일본 침몰로 시작된 지진해일(쓰나미)이 동해 백두대간을 치고 넘어서, 서해 바다로 들어가는 이 위중한 순간에 선악의 기준이 문제되는 것이 아니다. 특정한 종교를 믿는 여부와도 전혀 관계없는 일이다.

이렇게 대환난의 시간 속에서는 죽고 사는 것의 판단 기준이, 종교나 선악이 아니라는 것이다. 물론 그 내면에는 선한 자가 천지 부름에 응하여 살 가능성은 높을 수 있으나, 절체절명의 순간에, 죽고 사는 문제는 선악으로 결정되는 것이 아니다.

선악의 기준이 최소한 적용되는 시간은 그 이전과 그 다음에 있다. 그런데 죽고 사는 문제는 비단 선악의 문제만 있는 것이 아니다. 전생과 현생의 관계, 조상선영신의 관계, 현재 자신에게 맡겨진 자유의지로의 판단까지, 매우 복잡다단한 연관 고리를 가지고 있다.

어떤 연관 관계가 있던, 죽으면 아무 소용이 없다. 천상천주님께서 사람은 이러해야 한다는 내용을 전하였는데, 그 말씀 중에 하나를 다시 새긴다. 어떻게 하든지 나를 위해 깊이 생각해야 하고, 살 방도를 찾는 것이 중요하다.

사람은 나 자신이 있어야 된다. 죽으면 아무 소용이 없다.
복은 남의 복보다 내 복이 그중 큰 것이다.
나를 위해 깊이 생각해야 된다.

이런 위급한 상황을 포함하여, 파란만장한 일들을 겪게 되는데, 위급한 상황이 발생한 그 시간으로부터, 4~5년으로 알려주시고 계시다.

앞으로 4~5년 동안 파란만장한 일들을 많이 겪는다.

파란만장한 4~5년 대환난을 극복해 나가며, 기억이 삭제되어 모든 것을 완전히 잊어버린 원시인의 인류를 깨워 가르쳐, 새로운 세상으로 이끌어 나가는 지도자의 앞날을 훤히 보신 천상천주님 말씀이시다.

그 세월 동안에 우리나라는 그동안 그렇게 말이 많았던 통일이 이루어지게 된다. 편협한 사고들로 뭉쳐져 대립하는 지금의 틀 속에서는 통일이 이루어지지 않는다는 말씀이기도 하다.

모든 기억이 삭제된 사람들을 청음으로 일깨워 가르쳐, 함께 통일을 이루고 대륙으로 진출하라는 말씀에 따라, 그 옛날 우리 한 민족의 땅을 모두 회복하게 된다. 하늘님께서 천부경 81자로 내려 주신 말씀 내용에 모두 담겨 있다.

1만 년 전, 천부경을 받으신 환국의 천제께서 찬란한 환국을 열었듯이, 지도자는 원시인이 된 사람들을 깨워, 이들과 함께 과거 한 민족의 땅을 모두 회복하여, 인류를 위한 새로운 세상을 열어나가게 된다는 것이다. 그러나 한번 잠긴 땅은 36,000년 동안 침수된다고 하시는데, 다르게 말하면, 지축 변화 이후로 나타나는 새로운 세상은 36,000년 간 지속된다는 말씀이기도 하다.

36,000년간 지속되는 새로운 세상, 하늘님의 축복으로 열리는 새로운 세상은 그렇게 이어져 가게 되는 것이다.

5

새로운 세상이 시작되니, 후천 세계를 이끌어 가라

(1) 구원의 하늘님

함구하고 1인이 진행하라. 일시(一始)의 일(一) 말씀 중

명(命)은 하늘이 주는 것, 확고한 신념을 가지고 살아라.

일시무시(一始無始)의 무(無) 말씀 중

천상천주님께서는 인류를 심판하시는 하늘님이 아니라, 인류를 구원하시는 하늘님이라고 이미 전했다. 그런데 하늘님의 천명을 받드는 지도자 혹은 남사고가 말하는 성인(聖人)은 어떻게 나오는 것일까?

어쨌든 하늘님께서 내시는 지도자는 인류의 대비겁기에 비로소 그 모습을 드러내게 되어 있다. 그 이전에는 사람들이 알기 어렵다.

이제 시간이 임박하기에, 나는 이 책을 통해서 하늘님이신 천상천주님과 천상천주님의 천명을 받는 지도자를 세상에 알리려고 한다.

하늘님과, 지도자와, 그 지도자와 함께하는 "**하늘의 아이들**"은 그냥 우연히 만나는 것이 아니다. 그들은 수많은 윤회 속에 이루어진 처절한 기도와 약속을 통하여, 조만간 전개될 대비겁 상황에 투입될

천상천주님의 말씀 전달자이자 대리자로 준비되어 온 것이다.

그렇지만, 그들은 어느 날 갑자기 천상천주님의 말씀을 받드는 것이 아니다. 특히 지도자는, 전생부터 해왔던 처절한 기도를 현생에서 완결할 때에 비로소 지도자의 삶을 받게 되는 것이다. 그렇게 하여 순전(純全)하게 천상천주님의 말씀 전달자와 대리자로서의 삶을 시작하게 되는 것이다. 그러나 대비겁을 준비한다고, 특정한 종교 단체나 집단을 거느리는 삶을 살지는 않는다.

함구하고 1인이 진행하라.

천지의 일이 다 준비되어 시작하기 전까지는 함구하고 1인이 진행하라는 천상천주님의 말씀이다. 대 비겁을 준비한다고 종교 단체나 집단을 거느리는 삶을 살지 않도록 하신 것이다.

하늘님께서 천부경의 석삼극무진본(析三極無盡本)의 극(極)에 대한 말씀으로, 대비겁의 극점에서 하늘님의 명을 받드는 지도자 모습을 전해 주신다. 특히 하늘님께서 비겁에 빠진 인류를 건지시기 위해, **"온 만물의 것들은 (중략) 파벌로 나누어 가려 하니, 다 갖추어 주는 사람이 필요하다."**고 하시며 인류 대비겁기 전에, 모든 분파된 것을 뛰어넘어 대화합을 이룰 수 있는 지도자 삶을 살도록 말씀해 주신다.

온 만물이 파벌로 나누어 간다는 말씀을 통해, 사람들 역시 저마다 분파된 파벌 조직을 만들어 간다는 것이다. 말하자면 종교, 이념, 정치 등 조직에서 사람들은 자신들의 이익과 이념에 따라 파벌을 만들어 가겠지만, 지도자는 그러한 삶을 살도록 하지 않으셨다. 오히려 모든 것을 갖추는 사람이 되도록 하셨다. 하늘님께서 만유의 하늘님이듯이, 하늘님의 대행자 역시 분파된 모든 종교를 뛰어넘어, 인류 모두를 아우르고 대화합을 이루는 만유의 구원자 역할을 하도록 하신 것이다.

이러한 지도자를 사람들은 알아보지 못하고 자신들이 해왔던 기존 생각과 판단에 따라, "**혹자는 너를 바보라고 한다.**"고 하늘님께서 말씀해 주신다. 하늘님께서는 지도자에게 그런 말을 듣더라도 잘 새겨들어 지혜를 얻으라고 하신다.

혹자는 말하기를 좋아하며 남을 이렇고 저렇고 하지만,
새겨들어야 하며, 소리 없이 행하여야 하며,
세력과 과욕은 마음을 편하게 하지 못하니 비껴가야 한다.
배고픔을 알면, 먼 훗날 핍박으로부터 굶은 자를 배불리 먹게 할 것이며, 마음을 밝게 하여 처소에서 밝은 세상을 보고,
세상의 이치를 알고 파악하고, 아랫것들을 보살필 줄 아는
지혜를 발휘하여야 하느니라.

하늘님께서는 "**소리 없이 행하여야 하며, 세력과 과욕은 마음을 편하게 하지 못하니 비껴가야 한다.**"고 하시며, 세력과 과욕을 경계하신다. 지도자는 소리 없이 행하고 있으며, 세력을 따로 두지 않으며, 과욕을 내세우지 않고, 하늘님 말씀에 따라 움직이고 있다. 하늘님께서 오히려 이렇고 저렇고 말을 하는 이들로부터 배우라고 하신다.

하늘님께서는 이 말씀을 통해 이 인류에게, 인류 구원자는 편협되고 분파된 조직의 지도자가 아니라고 말씀을 주시는 것이다.

대환난이 시작되면, 지도자는 천상천주님의 명을 받들어 청음으로, 원시인이 되어버린 인류를 깨워 구원하게 된다. 그리고 천상의 화랑들과 함께 세력의 무리를 만들어, 파란만장한 대비겁의 과도기를 건너, 새 세상을 만들어 나가는 것이다.

여기에는 어떠한 환상도 존재하지 않는다. 모든 것이 무너진 상황에서, 살아남은 사람들조차 한 치 앞도 알 수 없는 가운데 구원이 이루어지는 것이다. 기독교 일부에서 말하는 휴거도 없으며, 일부 종교단체에서 말하는, 해인이나 사람들의 이마에 인을 친다는 등의 환상적인 구원 모습도 없다.

인류가 불원간에 맞게 되는 대비겁은, 새로운 하늘과 새로운 땅을 준비하는 대자연의 이치 속에 어쩔 수 없이 나타나는 지극히 무정하고 현실적인 문제이다. 인류를 비롯하여 온갖 생명을 키우기 위해 23.5도로 기울어진 우주가 자신의 축을 바로 세우는 것으로, 선천이라는 과거의 하늘과 땅에서 후천이라는 새로운 하늘과 땅으로 변화하는 것이다.

이 변화 과정의 핵심이 지구의 축, 지축이 바로 서는 일이다.

지구 축이 바로 서기 위해 지구는 몸부림을 치게 되는데, 그 몸부림은 대지진과 화산 폭발 등으로 나타나고, 바닷물은 해일이 되어 산을 넘어, 인간 문명사회를 폭파하게 된다.

지도자는 그 과정에서 인류가 겪게 되는 엄청난 사실을 알려 주시는 천상천주님의 말씀을 세세하게 전하고 있다.

전 세계는 화산 폭발 및 대지진으로 혼란을 겪게 되며, 세계적으로 기근이 든다. 그러므로 백성이 먹을 양식을 쌓아 놓아야 한다. 모든 인간은 한 치 앞을 못 보는 원시인으로 변하게 된다. 그 이유는 지축이 반듯하게 서게 되는 순간

지구의 모든 인간은 그동안의 모든 기억은 사라지고
저 원시인으로 살아가게 된다.
앞으로 4~5년 동안 파란만장한 일들을 많이 겪는다.

지축이 서는 이전 단계에서 사람들을 못살게 굴며 억압해 온, 특히 사회주의 국가와 사회주의자들은 그들의 죄업으로 인하여 쇠락하는 속도가 가속화된다. 일본과 중국이 대지진으로 엄청난 일을 겪게 되는데, 특히 일본은 나라 전체가 영원히 물에 잠기어 씨종자도 없게 되며, 그 여파로 한반도는 엄청난 대해일의 영향을 받는다. 대해일은 백두대간을 넘어 서해로 빠져나가면서, 한반도도 대비겁을 면하지 못한다.

우리나라는 다른 나라들이 겪는 비겁 정도보다 약하다고는 하지만, 대해일이 한반도 전체를 휩쓸어 나가는 엄청난 환난을 겪게 된다. 그리고 지축이 바로 서는 충격으로, 지구상의 모든 인간들은 그동안의 기억들이 모두 사라지고, 한 치 앞을 모르며 동물의 본능만 남은 원시인이 되어 버린다.

지도자는 대환난의 시작으로부터, 4~5년 동안 파란만장한 일들을 겪으며, 인류를 건져내고 새 세상을 열어나가는 개척 사명을 맡고 있다.

대비겁이 시작되어 파란만장한 일들을 겪으며, 새 세상을 열어나가는 지도자에게 천상천주님께서 내려주신 지도자의 교육 지침서가 천부경이라고 이미 언급하였다.

이 책이 세상에 나온다는 것은 이제 그 시기가 임박했다는 것이며, 세상은 아직 알지 못하고 있지만, 천상천주님께서 내어주신 지도자가 공식적인 삶을 시작하였다는 것임을 알아둘 필요가 있다.

천상천주님께서 지도자를 내신 이유를 이렇게 말씀해 주신다.

환난으로부터 맑은 세상을 찾게 하기위하여,
모든 사람을 다 갖추어, 봄날에 눈 녹듯이 환난을 벗겨서,
꽃다운 환한 세상을 온 누리에 빛나게 하니라. 그렇다! 하늘은,
온 인류를 하늘의 자식으로, 만백성의 어버이로 진솔한 빛이
은은한 향기로운 곳에서 마음껏 피어나야 하느니.

천상천주님께서 지도자를 내어주시어, 환난으로부터 맑은 세상을 찾게 하기위해서, 환난을 벗겨서 대화합을 이루게 하고, 환한 세상을 온 누리에 빛나게 하도록 하시는 것이다.

대자연의 질서 변화로 인하여 오는 대환난이지만, 천상천주님께서 온 인류를 축복하시고, 하늘님의 자식으로 마음껏 피어나도록 그 대행자인 지도자를 만백성의 어버이로 내세우시는 것이다.

복은 천지에 가득하지만, 가진 자와 갖지 못한 자로 천차만별인데, 갖지 못한 자는 지극정성으로 하늘에 항상 경배해야 함을 말씀해 주신다.

복은 항상 있는데 가진 자와 갖지 못한 자 천차만별이네.
복이 하늘에 있으니 지극정성으로 하늘에 항상 경배하라.

천상천주님께서 지도자와 인류에게 낮이나 밤이나 하늘님을 찾으라고 말씀하신다.

낮이나 밤이나 나를 찾으라.
당연히 으뜸인 나를 찾아야지.
약속을 했으니 나도 모든 것을 다 준다.
5~6일 동안 항상 찾으라. 항상 내가 주축이 되는 것이니
나를 찾거라. 나를 따르는 자는 헐벗지 않게 해 주리라.

하늘님께서 지도자에게 약속을 받으시고, 천지간에 으뜸 되시는 천상천주님을 찾도록 하신다. 인류의 복록을 지니고 계시는 하늘님이시다.

하늘님께서 당연히 으뜸인 나를 찾으라고 하시고, 약속을 했으니 나도 모든 것을 준다고 하신다.

천상천주님께서는 배척을 하시는 하늘님이 아니라 대화합을 이루게 하시는 조화의 하늘님이시다. 천상천주님의 권능을 다른 신에게도 주시어 역사하게 하시고, 인류에게 같이 기도하도록 하신다.

우리나라는 해동의 나라이다. 해동을 관장하는 해동의 부처님에게도 기도하라고 말씀을 내려 주신다. 천상천주님께서 지도자가 해동의 부처님과 함께 하여, 해동의 큰 어른으로 자리매김하도록 축복을 주신 것이다. 해동 땅에 사는 지도자와 인류에게 주시는 기도에 관한 말씀이다.

〈하늘님께서 해동의 부처님께도 기도하라고 하세요.〉

보름날은 천계와 지계의 모든 신들이 천상천주님을 알현하고 조회 올리는 날이다. 옛날 역사 기록에는 보름날을 귀하게 여기며, 천제를 올리던 기록들도 많다. 보름날 기도를 드린다는 것은 바로 천상천주님께 드리는 기도라는 것이다. 우리들은 그런 사실을 여태까지 모르고 있었을 뿐이다. 천상천주님께서는 기도를 드리는 사람들에게, 보름날부터 5일간을 계속 기도하라고 하시고, 인간의 때를 벗어나지 못한 우리들에게 지치지 않게 기도하라고 축복의 말씀을 주신다.

지치지 않게 기도해라. 보름날부터 5일간 기도해라.

기존 종교의 물을 다 빼지 못한 제자가, "천상천주님을 위하여 하겠습니다."라고 말씀드리니, 천상천주님께서, "**너희와 너희 세상을 위하여 목숨을 다 바쳐 하라.**"고 말씀을 내려 주신다.

목숨을 다 바쳐 너희 세상을 위하여 해라.(중략)
인의를 직시하고 행하라, 참고 또 참으며 행하라.
그렇게 하여야 새 나라를 세우는데 그르치는 일이 없다.

사람이라면 마땅히 나아가고 해야 할 일인, "**인의를 직시하고 행하라.**" 하시고, "**새 나라를 세우는데 그르치는 일이 없도록 참고 또 참으며 행하라.**"고 하신다.

천상천주님께서 지도자를 통하여, 사람이라면 최소한 이렇게 하여야 한다고 말씀을 내려주신다.

사람은 순정이 있어야 한다. 순수한 감정과 애정이 있어야 한다.
사람은 덕을 베풀어야 한다. 주변을 둘러보고 함께 해야 한다.
사람은 신과 함께 있어야 한다. 사람은 믿음이 있어야 한다.
사람은 다 같이 있어야 한다. 집단을 이루고 살아야 한다.
사람은 곁들여 살아야 한다. 어우렁더우렁 살아야 한다.

사람은 나 자신이 있어야 된다. 죽으면 아무 소용이 없다.

천상천주님께서, 사람이라면, 이런 정도는 갖추어 살아야 한다고 내려주신 축복의 말씀이다. 이제껏 각 종교 단체들이 사람들에게 강요해 왔던 그런 규율이 아니다. 사람이라면 기본적으로 갖추어야 할 덕목을 말씀해 주신 것이다. 지도자가 기본적으로 갖추게 될 덕목이기도 하다는 것을 알아두어야 한다. 천상천주님께서 내려주신 말씀이니, 당연히 지도자 인성의 기본이기도 한 것이다.

믿음이 있어야 한다고 하셨지만, 어느 종교만을 고집하라고 하는 것이 아니다. 순정이 있어야 하고, 덕도 베푸는 것이 좋다고 하신다. 사람들과 사회생활을 하면서, 어우렁더우렁 사는 것이 좋다고 하신다.

한 말씀 한 말씀이 사람이라면 응당 가슴에 담기는 말씀들이며, 특정 종교에서 말하는 계율들과는 다른 말씀이다. 사람이라면 죽지 말고, 나 자신을 귀하게 여기되, 사람들과 자연스럽게 살라고 하신 것이다.

나는 인간미가 있는 걸 원한다.

천상천주님께서는 인간미가 있는 것을 원하신다. 그런 인간미를 알려주신 것이다. 사람은 순정이 있어서, 순수한 감정과 애정을 갖추고 있어야 한다고 말씀해 주시고 계시다. 그리고 주변을 둘러보고 함께하며 덕을 베풀어야 한다고 말씀하신다. 더 중요한 것은 신과 함께 하며, 믿음이 있어야 한다고 하셨다.

다 같이 있으면서 집단을 이루고 살아야 하며, 어우렁디우렁 곁들여 살도록 하신다. 홀로 사는 것이 아니라, 이런저런 희로애락을 겪으면서 어울려 살아야 한다는 것이다. 그리고 죽으면 아무 소용이 없으니, 나 자신을 소중히 여기고 살아가도록 축복의 말씀을 내려 주신 것이다.

(2) 하늘님의 명을 받드는 지도자의 기도

목숨을 다 바쳐 너희 세상을 위하여 해라.(중략)
인의를 직시하고 행하라, 참고 또 참으며 행하라.
그렇게 하여야 새 나라를 세우는데 그르치는 일이 없다.

이것은 지금도 우리가 살아가는 모습이지만, 후천 세상에서는 더욱 중요하게 우선되는 인의(人義)의 기반이 될 것이다. 인의는 인간이라면 지키고 나가야 하는 도덕 기반을 말한다.

천상천주님께서 일반인에게 말씀을 주신 것이기도 하지만, 지도자에게 내려주신 말씀이기도 하다. 하늘님께서 드러내 주시는 지도자의 인성이기도 하고, 그런 삶을 살아간다는 것도 알 수 있다.

이제 천상천주님께서 대비겁기에 구원의 대행자로 내세우신 지도자의 삶과 기도에 대해 알아보자. 먼저 기도를 시작하게 된 사연에 대해 지도자는 이렇게 술회하고 있다.

〈38살에 심근경색이라는 병으로 산속으로 들어갔다. 그 당시에는 심근경색 환자는 병원에서 연습용으로 대부분 죽어 갔다. 나도 서울대학 병원에서 입원 중에 죽어가는 환자를 보고, 살고 싶어서 바로 나와 한의원을 여러 곳 찾아 다녔다.

결국 계룡산 도덕골에 들어갔다. 대전 유성에 식솔들이 먹고 살게 식당을 차려주고 산속생활을 시작했다. 도를 닦을 생각은 추호도 없었다. 매일 하늘님, 예수님 찾으며 살려 달라고 기도 했다. 나는 18년을 그렇게 보냈고, 이제까지 32년을 하고 있다.〉

지도자는 도를 닦을 생각으로 산 속을 찾은 것이 아니다. 사회생활을 잘 하고 있다가 갑자기 찾아온 심근경색이라는 병으로 인하여 기도를 시작하였다. 살려 달라고 기도한 것이다. 그야말로 사람들이 위급에 처하면 찾던 그 분들, 하느님, 예수님, 부처님을 찾아서 살려달라고 기도를 시작하였다. 매일 하늘님, 예수님 찾으며 살려 달라며, 참으로 간절하게 살고자 하였다. 38살의 심근경색 환자가 가슴을 부여잡고 울부짖듯 기도를 하였던 것이다.

충청도 분이라 대전 유성에 자리를 잡았다. 어찌 보면 참으로 치열한 삶을 살아가고 있었던 것이다. 기도를 시작하였던 곳은 유성부근에 있는 계룡산 자락의 도덕봉 계곡인 도덕골이었다.

지금은 입산통제 구역이 된 계룡산 도덕골, 본래 이름은 도적골.

입산 통제 전에는 많은 사람들이 모여들어 기도하였던 유명한 기도터 중에 하나였다. 그러나 입산 통제되고 난 이후로는 사람들의 행적은 거의 없다. 도적골에 대해 신들께서 이렇게 말씀하신다.

〈여기는 도를 적선 받는 곳이다.〉

기도를 하였던 그 당시의 사람들조차 도적골의 참된 의미를 알지 못하였다. 도적골이라는 이름의 참된 의미를 알지 못하고, 자신들의 생각에 이름이 이상해 보이고 하니, 도덕골로 바꾸어 버린 것일까?

더군다나 지금은 입산 통제되어 사람들의 뇌리에서 잊어진 곳이다. 지도자가 기도하던 그 당시에는 많은 사람들이 다양한 사연으로 도적골 처처에서 기도를 하였다.

도적골 그 곳에서 시작한 18년의 기도생활이었다. 하늘로부터 부름을 받고 도를 적선 받는 도적골에서 지도자의 길을 걷기 시작했다. 물론 본인은 지도자의 길이라는 생각은 추호도 없었다. 다만 38살의 죽음이 너무 억울해서 시작하였던 기도였다.

지도자는 살려달라는 처절한 기도를 하였고, 그 처절한 기도 속에 영성이 트이면서, 아미타불이 오시는 것을 눈으로 보게 되고, 애기 천사 사무엘이 오는 것도 보고 말씀을 듣게 된다. 약사여래불이 오셔서 약을 주시는 등 영적 감응으로 몸이 나아지기 시작하였다.

특히 약사여래불께서 몸에 응감하신 이후, 의원 기운이 열리어, 병자를 돌볼 수 있게 되었다. 산야의 초목을 만지면, 초목의 이름과 약효가 들리고, 병자를 보면, 병의 내력을 모두 알게 되어 사람들을 치유하게 되었다. 신병(神病)은 기본이고, 수술을 해야 하는 응급의 경우가 아니라면 암 환자까지 치유하는 능력을 가지게 된 것이다.

이후 기도가 더욱 힘을 얻게 되고, 산신령을 위시한 산왕대신, 용왕대신들께서 지도자를 불러 세우시고, 더 많은 영적 기운을 내려 주셨으며, 더욱 기도에 정진하게 된다.

그리고 영성이 터지는 그 순간의 모습을 스님 제자에게 이렇게 전해 주고 있다.

〈탁 터지는 순간에 그때 산에서 처음 아미타부처님 오시고 애기 선녀 사무엘 천사가 왔거든요.

천존에서 기도 하는데 누가 막 불러요. 쳐다보니 산신전에 아무도 없어요. 진짜 소리가 대화가 들려요. "어디서 그라는겨? 아무도 없는데." 그러니까 산신전에서 "와라" 그러는 거요.

가서는, "예 왔습니다." 그러니까 막 말문이 터져 나와요.

한참하고 끝나고 나서, "이 말씀을 주신 분은 누굽니까?" 하니,

"나는 태백산 백운대에서 온 산왕대신이다." 그러세요.

산신령님은 호랑이고 산왕대신은 사자, 수사자 모습으로 보이고, 나무로 깍은 말에 앉았다가 할아버지가 또 호랑이로 변해요.

할아버지가 하얀 바지저고리를 입었다가 확 바뀌면 수사자 하얀 중의적삼 같은걸 입으시고 누군지 물으면, "나는 산왕대신이다." 그러세요. "어디서 오셨습니까?" 하니, "나는 태백산 백운대에서 온 산왕대신이다." 하세요.

우리나라 산왕대신은 여섯 분이 계신데, 태백산에 두 분 계시고 지리산 천왕봉에 세 분 계시데요. 도덕골에 한 분 계시고.〉

우리나라에 여섯 분의 산왕대신이 계신다고 말씀해 주신다. 그 중 한 분이 계룡산 도적골에 계신다고 한다. 하늘의 명을 받는 아기 천사 사무엘도 다녀갔다. 그렇게 세월이 흘러 18년, "**이제 되었으니, 하산하라.**"고 하시는 산신령의 말씀에도 기도를 그치지 않았고, 더욱 열심히 정진하시며 기도에 매진하였다. 그런 기도 속에 많은 신명들을 뵙게 되었고, 그 신명들로부터 원력과 지혜를 받게 되었다.

그런 끝에 천상천주님으로부터 부름을 받으시고, 청음을 받게 되었다. 지난 날 기도 당시, 계룡산 산신령과 천지신명이 나오셔서, 주신 말씀을 이렇게 정리하고 계신다.

〈처음 산에 입문하면 1년간은 행자라 한다. 2년이 지나면 처사라고 한다. 하루도 빠짐없이 도를 닦아야 받는다.

3년 수행을 하면 조사라고 부르신다. 4년 수행하면 도사라고 부르신다. 5년 수행하면 목사가 되고, 6년 수행하면 감사가 되고, 7년 수행하면 문사가 된다. 8년 수행하면 국사가 되고, 9년 수행하면 왕사라고 한다. 18년 수행하고 나니 청운선사가 되었다.

이때부터 산왕대신께서 신선이란 호칭으로 부르며, 용왕, 청룡, 황룡이 나오셔서 신룡이라 부른다. 청룡은 수십만 권의 책을 내려 주시어, 머릿속에 넣어 주신다. 이때부터 천도에 필요한 경을 내려 주시며 많은 경을 해석하는 능력이 시작되었다.

이러고 난 뒤에야, 천지신명께서 도통 군자가 되었다 하신다. 하루도 빼먹지 않고 해야 되는 것이다. 18년이 되니, 하늘에서 부르신다. 그렇게 다시 6개월 청음을 배운다. 청음이 끝나니, 천상천주님께서 성운율사라는 명호를 내려 주셨다. 나는 18년을 그렇게 보냈고, 이제까지 32년을 하고 있다.〉

지도자는 기도하며 살아온 18년을 아주 간명하게 전하고 있지만, 보통 사람이 행할 수 있는 수준을 넘어서고 있다. 어느 누구도 가르쳐 주지 않았고, 알지 못했던 길을 혼자서 기도하며, 오로지 목숨을 살려달라고 18년을 지냈다. 그런 가운데, 산신령, 산왕대신, 천지신명, 용왕대신 등의 신들로부터 직접 교육을 받게 되었고, 당신의 전생에 대한 발씀노 받게 된다. 18년이 되어서야 하늘에서 부르셨다고 하였다. 하늘에 다가가기까지 얼마나 많은 어려움을 겪어 온 것인가?

〈아미타 부처님이 오시고, 사무엘천사가 오시고, 산왕대신, 천지신명님이 오셨고, 미륵부처님, 관세음보살, 지장보살, 문수, 보현, 약사여래, 하나로 부처님, 천불상, 비로자나불, 무극신장님 등등 수 없이 많은 부처님, 신명님, 조사님, 청용, 황용, 천관, 선관, 마지막으로 천상천주, 천주대왕, 사관원장, 대천사, 천계천사, 천상천황, 억조창생만조대왕, 천지신명 이런 분들로부터 15년 7개월 17일 동안 저녁 8시 40분부터 명일 새벽4시20분까지, 천지신명님 두 분께서 하루도 빠짐없이 가르쳐 주셨으며, "**인간으로써는 처음으로 도통 군자를 만들었느니라.**" 하신다. "**석가모니도 예수도 그들은 득도는 했을지언정 도통은 하지 못했느니라.**" 하신다. 이렇게 도통을 하고 청운선사라는 호칭을 천상천황님으로부터 이름을 받고, 지리산 천왕봉 앞 천마산에서 기도 중 천상천주님[하늘님]께서 오셔서 이름을 성운 율사라는 호칭을 하늘로부터 받았다.〉

18년간의 공부 끝에, 천지신명께서 인간으로써는 처음으로 도통 군자가 되었다고 선포하신다. 그리고 하늘님으로부터 성운율사라는 호칭을 받게 된다. 그리고 지금도 이렇게 전한다.

〈나는 아무 것도 모른다. 다만 신께서 전하시는 말씀만 그대로 전할 뿐이다. 내 눈에 보이고, 내 귀에 들리는 신의 말씀만 그대로 전할 뿐이다.〉

내려주시는 신의 말씀을 그대로 행하며, 일점일획도 더하거나 덜하지 않고 말씀 그대로를 전하며 실천하고 있다.

이 책이 세상에 나오는 것은 참 하늘님이신 천상천주님을 세상에 드러내는 것이기도 하지만, 천상천주님께서 내어 주신 지도자의 실체를 세상에 정식으로 드러내는 일이기도 하다. 이는 일점일획도 더하거나 덜하지 않고 말씀 그대로를 전해 주었기에 가능한 일이었다.

지도자는 일반인들에게 이렇게 전해 주신다.

〈장곡사 아미타 부처님 앞에서, 본인 생년월일시를 연호하면서, 절을 8~9회 합니다. "전생에 잘못한 점 용서해주세요."라고 같이 8~9회 말씀 합니다. 이불통신[신과 대화]를 할 수 있는 분의 도움을 받아 전생 내용을 들을 수 있습니다.〉

신과 소통하는 것을 이불통신이라고 하였는데, 특히 장곡사에 계시는 아미타불께 기도드리면 전생을 알 수 있다고 한다.

앞에서 통도사 비로자나불의 말씀을 전했다. 최소한 "**이 땅에 내려오신지 3만년이 되어서야 처음 나눈 대화**"가 가능한 분은 누구인가? "**동양 어느 군소를 다녀도 보지를 못했다.**"는 그 분이 하늘님으로부터 성운이라는 명호를 받고, 율사 칭호를 받은 성운 율사이다.

성운율사 칭호를 받은 지도자가 신들께서 밝혀주신 본인의 신원을 제자 스님과의 대화에서 전한다.

〈수년 전 늦가을 **천지신명**께서 나오셔서, "**외목골로 가자.**"고 하신다. 거기가 어딘데요. "**가보면 인다.**"고 하시며 "**출발하자.**"고 하신다. 차로 가는데, 옛날 국도로 끌고 간다. 계룡산 출발, 충주를 거쳐 오대산 앞까지 가는데 하루, 모텔에서 1박을 하고 새벽에 출발하여 상원사 앞으로 인도하신다. 주차장에 차를 세우고 도랑 따라 한참을 오른다. 큼직한 바위가 펼쳐지고 종지만큼 파인 곳을 가리키며, "**전생에 네가 자장으로 있을 때 도를 닦든 자리이니라.**" 하신다. "**이제 여기서 기도를 해라.**" 하신다. 전생은 하나도 떠오르지 않는다. 싸라기눈이 내리는 아침부터, 몸으로 눈을 맞으며 하루 종일, 또 밤새워 기도를 한다.〉

천지신명께서 이끄는 대로, 상원사 부근의 장소에 가니, "**전생에 네가 자장율사로 있을 때 도를 닦든 자리**"라고 하시고, "**여기서 기도를 해라.**"고 하시는 가운데, 본인도 미처 알지 못한 전생을 알게 된 것이다.

지도자는 천상천주님으로부터 전생의 율사 명호를 그대로 받으시며, 성운 율사라는 명호를 받고, "**새로운 세상이 시작되니, 후천 세계를 이끌어 가라.**"는 하늘님의 천명을 받게 된다.

〈신라가 망할 때 자장율사, 진표율사가 나왔고, 나 또한 새로운 세상을 맞이하기 위해, 이 땅에 천지신명께서 18년 밤잠을 안 재우고, 주역, 평행방, 모형방, 자청장, 구방장, 벽천수, 장방형, 기문, 둔갑 9가지를 수학하게 하여 도통 군자를 만드시어, 청운선사라는 호칭을 천상천황님이 주셨는데, 지리산의 천마산 기도 중 하늘님[천상천주님]께서, 성운 율사 칭호를 명하셨다.

하늘님께서는 제 이름을 성운 율사라 불러 주시며, 새로운 세상이 시작되니, 후천 세계를 이끌어 가라고 하셨다.〉

(3) 하달지리(下達地理)의 길이 열리다

성운율사가 기도드리면서 하늘과 땅의 대신명과 부처들의 가르침을 받는 가운데, 특별한 경험을 하게 된다.

〈산속에서 기도를 하고 있을 때, 아침이죠, 새벽 3시 무렵에, 갑자기 저수지가 나타나고 등고선이 보이고, 저수지 앞에 한 70m 지점에 삼각형으로 된 빨간색이 반짝반짝 빛이 납니다.

그래서 "저게 뭘까?" 하고 있는데, 등고선이 계속 산 형상을 보여줍니다. "아! 저런 것도 있구나." 그랬는데, 나중에 말씀하시기를, "**나는 하늘에서 온 선관도사다. 지금 저 빨갛게 반짝반짝하는 것이 명당을 표시하는 것이다. 그래서 내가 너한테 왔는데 네가 할 수 있겠느냐**?", "예! 할 수 있습니다." 했더니 제 몸으로 싹 들어오시더라고요.〉

이렇게 천상에서 오신 선관도사께서 몸에 들어오시면서, 성운율사는 땅 밑도 환하게 보게 되었다. 그로부터 성운율사는 선관도사가 말씀해 주시는 대한민국의 명당들을 살펴보게 된다.

예로부터 사람들은 상통천문(上通天文) 하달지리(下達地理)라 하여, 위로는 하늘의 천문을 읽고, 아래로는 땅의 지리를 꿰뚫어 아는 것이 도통의 관건이라고 생각해 왔다. 하늘의 뜻을 알고 더 나은 세상을 나아가기 위해 천문을 읽어 내고자 하였으며, 땅의 이치를 알고 행복과 복록을 얻기 위해 지리를 깨닫고자 노력해 온 것이다.

많은 사람들의 노력으로 축적되어 온 지식들이 있었고, 세상을 관측하기 위해 더 정밀해진 도구와 기기들 그리고 컴퓨터 등은 인류가 쌓아온 지식을 더욱 풍부하게 하고 있다. 그동안 많은 이들의 노력으로 전문적인 천문과 지리 지식들이, 일반인의 생활 속에 보편 지식으로 자리 잡으면서 일반 대중까지 관심을 가지게 되었으나, 오히려 이러한 지식과 기술들이 진정한 의미의 하늘과 땅 이치를 이해하는데 장애가 되기도 한다. 이미 언급하였지만, 인간의 최고 깨달음은 신과 함께할 때에 비로소 열리게 되는 것이다.

선천 세상에서는 천문이 항상 바뀐다. 변화를 읽어야하기 때문에 매우 중요하다. 변화를 읽어야 대비를 하며, 그에 맞는 결정을 할 수 있기 때문이다, 그러나 후천 세계에서 천문은 선천 세상과는 다르게 매우 규칙적으로 변한다. 규칙적으로 변한다는 것은 누구나 알 수 있는 변화가 이루어진다는 것을 말한다.

천문과 달리, 지리는 더 복잡다단한 변화가 이루어지며 알기도 쉽지 않다. 경험도 쉽지 않지만, 경험하더라도 그 변화의 결과를 이미 몸으로 겪은 뒤라 어려움이 많다. 지리는 사람들에게 직접적인 영향을 미치며, 때로는 사람들의 욕심으로 인하여 천리를 거스르는 일이 나타나기에, 하늘에서 금지시킨 천기(天機)사항이 많다는 사실을 알아야 한다.

하늘에서는 필요한 경우 사람의 눈을 틔워 주어, 진정한 명당의 자리를 보게 해 주거나, 알려 주신다. 지도자인 성운율사도 영성이 터지며 눈과 귀가 열리면서, 신들이 보여주는 형상을 보고, 신명들의 말씀을 듣게 된다. 아미타불의 모습을 눈으로 보고, 말씀을 듣게 되며, 사무엘천사를 보게 된다. 그 이후 수많은 신명들을 만나며, 그로부터 15년 7개월 17일 동안 교육을 받게 된다. 교육 막바지에, 두 분의 천지신명으로부터, 인간으로써는 처음으로 도통군자가 되었다는 말씀을 받게 된다. 천지신명께서는 "**석가모니도 예수도 그들은 득도는 했을지언정 도통은 하지 못했느니라.**" 하시며, 석가모니, 예수보다도 더 높은 경계의 도통군자가 되었음을 말씀해 주셨다.

도통군자인 성운율사는 선관도사가 몸에 들어오신 이후, 전국 명당들을 찾아다니며 직접 눈으로 확인하고 선관도사의 말씀을 듣게 되었다.

우리나라에서 제일가는 묘 자리라는 충남 서천군 해왕성이란 명당도 확인하였다. 그동안 사람들은 서천군의 종산에 가서 자신들이 알고 있다는 해왕성을 찾고 있었다. 선관도사께서 나오셔서, 사실 해왕성은 남쪽으로 더 가야 찾을 수 있다고 하신다고, 성운율사는 전하고 있다.

〈선관도사가 보여주는 곳을 가서 보니, 십자가가 보이고 그 부근에 크게 찍혀 있는 소발통이 있는 곳이었다. 그 장소에 서니까 몸이 빙그르르 돌면서 비인시내가 보이더니 바닷물이 요동을 치면서 비인을 쓸어버린다. 이후에 산 중앙에 산이 두개가 나타나는데, 선관도사께서 양산으로 두 산 한가운데를 맞추면서, "**이것이 해왕성이다.**"고 알려주신다. "**이 해왕성 터에다 묘를 쓰면, 수 만년 이 세계에서 제일 잘나가는 사람이 나온다.**"고 하신다. 그래서 선관도사께, "제가 들어가도 되겠습니까?"라고 여쭈니, "**아직은 아니다. 너 말고 다른 사람이 들어온다. 너는 좀 이르다.**"고 하신다.〉

성운율사는 해왕성 장소를 이후에 알 수 있도록 표시를 해두었다. 그리고 성운율사는 경남 사천에 있는 명당 중의 명당이라는 오리온좌를 찾아보게 되었다. 오리온좌를 찾아 견학한다는 사람들을 따라, 사천에 가게 되었다. 그들이 한 묘지를 보고 오리온좌라는 명당자리라고 이야기 나누고 있는 가운데, 선관도사께서 말씀을 내려주신다. "**여기가 아니니 너는 빠져나와서 저 위쪽에 가자.**" 하시며, 오리온좌를 알려주신다. 그러시면서, "**이것은 누구한테도 발설하면 안 되고, 저 중국대륙을 너희들이 섭렵할 때 그때 꼭 필요한 것이니까 입 다물어야 된다.**"고 하신다. 오리온좌는 단순한 묘 자리가 아니다. 그래서 지도자는 지금까지 아무한테도 발설하지 않고 있다.

한편, 보령댐 부근에 있는 소왕성이라는 명당의 묘 자리를 살펴보았다. 그 묘 자리는 그 후손 중에 왕이 두 명 나온다고 하는 명당자리라고 선관도사가 알려 주신다. 성운율사는 우리나라에는 모두 92곳의 명당자리인 음택이 있다고 하시는 선관도사의 말씀을 전하고 있다.

성운율사는 명당에는 양택과 음택이 있는데, 양택은 사람들이 행복한 삶을 누릴 수 있는 곳이고, 음택은 고인이 들어 흙속에서 자손에게 복을 주는 곳이라고 알려준다. 음택이라 하더라도 오리온좌와 같은 곳은 천지에서 기운을 쓰기 위한 자리이다. 이런 자리는 하늘에서 금기시하는 천기(天機)에 해당하는 자리이다. 입을 봉하게 한다. 그리고 양택은, 특히 국가적인 양택은 한 국가를 형성하고 성장해 나가는 매우 중요한 자리이기에, 하늘에서 점지해 주신다. 성운율사는 음택이든 양택이든 멀지않은 곳에 항상 물이 함께 하여야 한다고 선관도사의 말씀을 전하고 있다.

양택으로는 삼성 일가를 세운 고 이병철 회장의 생가가 유명하다. 오늘날 세계적인 기업으로 성장하게 한 기운의 원천이 되는 곳이기노 하다. 이병철 회장의 선친이 지리에 일가견이 있었던 분으로 전하고 있다. 그 양택의 자리에 기운을 더 크게 만드는 기물이 있는데, 사람들은 보고도 그 기물을 알지 못한다. 그 기물 또한 천기 사항이다. "**이 양택과 그 기물의 기운이 발동되면, 엄청난 부가 이루어지겠지만, 그 양택으로 인해 후손들은 병을 앓게 된다.**"고 천지신명께서 주신 말씀이다. 그들의 후손들에게 발병하는 병을 막는 방법도 주셨는데, 특정한 이들과 관련한 일이기에 이 책에서는 밝히지 않는다.

개개인의 양택도 중요하지만, 한 국가의 운명을 열어나가는 양택은 더욱 중요하다. 하늘님으로부터 "성운"이라는 명호를 받은 지도자와 지도자를 따르는 무리들의 엄청난 희생과 노력으로, 비록 시작은 미미하지만, 한민족의 땅을 엄청 크게 넓혀 나간다고 말씀해 주신다.

〈우리 민족이 청음의 소리를 듣고 지금의 기억과 정신으로 깨어나면, 민족을 이끌고 지금의 고비 사막을 지나 내몽고까지 쓸고 올라가 밑으로 베트남 위까지 우리 땅으로 만든다. 수도는 과거 중국 청나라 수도가 우리의 수도가 된다.〉

천상천주님께서 내려주신 말씀이 지금으로선 상상하기 어려울 정도의 놀라운 말씀이다. 하늘님께서는 새로운 나라 수도가 되는 지역의 구체적인 지명도 말씀해 주셨지만, 천기 사항이라 밝히지 않는다.

(4) 대가로니, 야율타와 대미륵의 사명

그 이후에 천상천주님께서는 성운율사를 아들로 말씀을 주시기도 하고, 또 다른 호칭으로도 말씀을 내려주시기도 하셨다.

대가로니 듣거라!
네가 야율타이니라.

대가로니는 대가리에 준하는 언어로 최고의 우두머리라는 의미이다. 인류의 최고 머리가 된다는 천상천주님의 말씀이시다.

인류의 최고 머리인 동시에 야율타라고 명칭을 내려 주신다.

천상천주님께서 야율타를 인류의 하늘이라고 말씀해 주신다.

하늘님께서 지도자를 인류의 최고 머리이자 하늘로 내세우시며, 인류에게 축복된 세상을 열어나가는 첫째 머리로의 사명을 주셨다. 놀라운 사명을 받으시는 모습을 이 책을 통해 밝힌다.

천상천주님의 부름을 받아 지리산의 천마산으로 들어가 기도를 하는 중에, 성운이라는 명호와 율사 칭호를 받고, 성운 율사라는 명호로 지금 활동하고 있는 중이다.

성운 율사는 하늘님으로부터 직접 도를 전수받으시는 내용을 이렇게 전해 주시고 있다. 놀라운 인류의 축복이 시작되고 있었으나, 세간은 관심이 없었고, 알려는 이도 거의 없었다.

하늘님으로부터, 인류 처음으로 직접 도를 전수받은 성운 율사는, 스님 제자에게 대천신들께서 알려주신 당신의 신원을 이렇게도 밝혀준다. 신들께서 지도자에게 이번 생이 환생의 마지막 길이라고 알려 주신다고 한다. 그리고 제자 스님은 몇 번 더 환생을 해야 하고.

그러면서 천신께서 성운율사에게 직전 전생의 모습을 알려주는데, 염라부대왕이었으며, 천상천주님께 명을 받아, 이 세상에 잠시 출장 왔다고 알려주신다 한다.

〈이번 생은 환생의 마지막 길이다.〉

〈천신께서 알려주시는데, 이번 생으로 환생하기 전, 염라부대왕 일을 보고 있었다고 하신다. 명부의 일을 잠시 맡겨두고, 하늘 시간으로는 몇 시간 이 세상에 출장 왔다고 말씀해 주신다. 그래서 수수 천천 펼쳐져 있는 하늘도 알고, 천도를 직접 관장할 수 있다.〉

산 공부를 모두 마치고, 천상천주님으로부터 하늘의 천명을 받으신 성운율사가 세상에 나와 사람들과 생활하는 가운데, 미륵부처님을 받으시고, "**대미륵의 사명**"을 받게 된 경위를 전해 주시고 있다.

〈예산 원효봉 서쪽에 명당 천왕성을 알려 주고 밑으로 내려오던 중에, 산 밑 공터에 서서 그곳 장소는 어떠한지 선관도사님께 여쭈어보고 있는데, 갑자기 먼 산에서 미륵부처님이 벌떡 일어나시며 몸에 묻은 흙먼지를 털어내시며 나를 향해 성큼성큼 다가오신다. 멀리서 볼 때는 키가 100m 정도 돼 보였는데, 합장을 하고 인사를 드리니, 가까이 오실 때는 자꾸 작아지시며 손바닥 위에 올라서신다. "**나는 1300년 전에 온 미륵이니라.**"하신다. "**아들아, 나를 알아보겠느냐?**" 하신다. "아니, 모르겠습니다." 하니, "**나는 천상에서 온 네 애비니라.**" 하신다. 앞날을 같이 할 것을 말씀 하시고, 내 나이 118세까지 함께 하신다고 하시며, 지금도 같이 하시고 계시다. 이렇게 하여 미륵부처님을 받았다

그 일이 있고부터 우리 산야를 3일간 찾아다니며 미륵 부처님을 받으러 다녔다. 그리하여 지금은 많은 미륵 부처님과 대화도 나누고 앞으로 오는 세상을 남들보다 먼저 알게 되었다.〉

경주 단석산 신선사의 마애불께서는, “**앞으로 온 누리가 미륵 세상이 된다.**”고 하신 말씀을 전해 주신다.

〈무사 안일한 생각만 갖지 말고, 무덤덤하게 일으켜 세워 간다면 온 누리가 미륵 세상이 된다.〉

그 후로, 천신과 해동의 부처, 해동의 용왕, 모든 부처들(화엄사 천불대전에 계시는 천 분의 부처와 하나로 부처)께서 미륵으로 불러주시고 계시다. 제자 스님과 같이 부산 해운대구 기장에 있는 오랑대를 찾아 기도를 드린 바 있다. 이 때 해동의 용왕께서 나오셔서, 지도자에게 말씀한 내용을 전한다.

〈“**하늘의 대문을 여는 아이들이 왔구나.**”**하시고,** “**미륵아!**” 라고 부르시네요. “**미륵은 하늘을 지키는 사람이다.**”고 하신다.

“너희가 부처다. 겁나게 희망이 있다. 너희가 그 아들이다. 뭐든지 다 얻는다. 파란을 막는 아이들이다. 부족함이 없다. 희망이 너희 몸에서 나온다. 밝고, 맑고, 깨끗한, 그런 희망이 몸속에서 나온다. 잡음이 없고 평온하며 다 잘 된다.

어르신들과 뜻을 같이 하니 뜻을 같이 이룬다.”〉

해동의 용왕께서 말씀하시는 어르신들이란, 천상천주님을 위시한 천상의 열성조분들로, 그 분들과 뜻을 같이하니, 하늘의 뜻을 이룬다고 말씀해 주시고 계시다. 해동의 용왕께서는 지도자에게, 하늘의 대문을 여는 아이라고 하시고, 특히 미륵으로 부르시며, 성운은 하늘을 지키는 사람이라고 말씀해 주시고 계시다. 이어서 파란을 막는 아이라고 하시고, 밝고 맑고 깨끗한 그런 희망이 몸속에서 나온다고 알려 주신다.

이후 경주 남산에 있는 칠불암의 마애석불(미륵불이심)을 찾아 기도드리는 가운데, 그 부처님께서 미륵이라 부르시고 말씀을 주신다.

〈미륵부처님께 지극정성으로 부탁드리옵니다.

"미륵아, 여기가 미륵산이다. 이곳은 엄청 오래되었다. 8만 년 오랜 세월 내가 기다렸다. 올로 올로 올라왔구나. 얼굴을 반듯하게 치켜 올려라. 네 맑고 깨끗한 생각을 언제나 밀고 나가라."

미륵이라고 하셨는데 제가 그 미륵이면 여기 계시는 미륵부처님의 원력을 쏟아주십시오. 대단한 힘으로 모든 일을 다 파헤쳐 갈 수 있도록 도와주십시오. 저도 염원을 담아서 말씀드리고 있습니다. 나라의 일들을 다 보겠습니다. 네 꿋꿋하게 하겠습니다.

"여러 군소들을 긁어모아 행해 보라. 문은 다 열렸으니 마음 편하게 일을 하라. 안중에 있는 것은 다 좋게 해 놓았으니 그때 그때 일을 행하면 된다."

스무 가지 백가지 다하겠습니다. 네 행복한 마음으로 하겠습니다. 밝고 환하게 하겠습니다.

"나라를 생각하는 사람이 화랑이다. 좀 있으면 벼락이 치는데 동쪽에서. 그때부터 너희들이 힘을 받는 때이다."〉

경주 남산 칠불암의 마애미륵불께서, 경주 남산을 미륵산이라고 말씀해 주시고, 8만년이라는 오랜 세월을 기다렸다고 말씀해 주신다. 여러 말씀으로 축복을 주시고, "**나라를 생각하는 사람이 화랑이라고 말씀을 주시고, 동쪽에서 벼락을 칠 때, 너희들이 힘을 받는다.**"고 하신다.

신들께서는, 새 나라를 이끌어 나가는 사람들을, "**천상의 아이들**"이라고 하셨는데, 칠불암의 마애석불로 계시는 미륵불께서는 나라를 생각하는 사람을 "**화랑**"으로도 말씀해 주신다.

그리고 북한산 원효봉 단군신전에서 단군이 나오셔서 주신 말씀이다. 특히 천상에서 온 화랑이면 더 좋겠다고 말씀하신다. 계룡산 도적골에 계시는 칠성여래불께서도 천상에서 온 화랑들이 있다고 말씀 주신다. 그들을 다 끌고 가라고 하신다.

〈천상에서 온 화랑들이면 좋겠다. 그들은 음이든 양이던 다 뛰어드는 아이들이다. 부채 끝에서 매달려 흔들리는 데서도 힘을 쓴다.〉
〈천상에서 온 화랑들이 있다. 그들을 다 끌고 가면 좋다.〉

지도자와 대화를 나누는 가운데, 스님 제자와 함께한 또 다른 제자가 2살 차이나는 지도자께, 술 한 잔 드리면서, "좀 더 친밀하게 모시고 배우고 싶은데, 형으로 모셔도 될까요?" 라는 질문에 답이 없으시다가, 지도자께서, "**그 말에 대해 지금 신의 세계에서는 허락을 안 하신다.**"고 하시고, 천신께서는 스승과 제자를 넘어서서, 지도자와 지도자를 모시는 관계로 말씀을 내려 주신다고 알려 주신다.

제자 스님과 대화하는 가운데, 천신이 임하시며 말씀을 내려 주시는데, 지도자에 대해 "**대미륵**"으로 말씀을 내려 주신다. 제자 스님이 지도자인 성운 율사를 대미륵으로 존칭하니, 천상천주님께서 제자 스님을 매우 예뻐하시며, 제자 스님의 앞날은 "**어둠이 없고 밝은 세상이 펼쳐진다.**"고 축복을 주신다. 단명이 끝났다고 하시고, 이후 87년을 더 산다고 크고 크신 축복을 주신다.

〈“**내가 관음보살이외다.**”를 7번 말하라 하시고, 말씀대로 따르니, “**이 아이도 단명이 끝났다.**”고 하시며, “**이후 87년을 더 산다.**”고 축복을 주신다. 스님은 천상천주님께 89번 절을 올린다.〉

미륵불께서 지도자의 몸에 들어오시어 함께 하시는 것은, 지금의 대비겁기에 인류를 살려내기 위해 음양으로 활동하시는 주된 부처가 미륵불이시기 때문이다. 구원의 미륵불과 함께 하시며, 인류를 구원하여 새 세상을 열어나가는 인류의 대가로니이기에, 천신께서 지도자에게 “**대미륵**”이라 하신 것이다. 천상천주님께서 지도자에게 천명을 주시며, 확약을 받고 계시다.

아무에게도 빈틈을 보이면 안 된다.
그래야 고무되는 일이 많이 있다. 그래야 주관이 뚜렷하다.
내가 항상 지척에 있으니 겁먹을 것 없다. 모든 걸 여쭙고 행동으로 옮겨라. 신명들 네 분이 항상 안정되게 돌보고 있다. 네가 부르면 항상 나오신다. 새벽부터 저녁까지 모든 것을 묻고 행하라. 사실만 가지고 얘기 하라.

천상천주님께서 대미륵에게 천명을 내려주시지만, 천상의 천신들을 위시한 많은 신명들께서 노심초사하시며 당부를 하시는데, 특히 “**우주대황제**” 되시는 “**대번**”이라는 천신께서 지도자에게 임하시며 말씀을 내려 주신다. 우주대황제께서, 신명의 도움을 받아 일을 진행하고, 누구나 공평하게 사는 세상을 만들도록 주문하신다.

〈나는 우주의 하늘로 이 말을 전하고 싶어 왔다. 나는 우주의 대황제인 대변이다. 너는 나라를 세우는데 여러 신명들의 도움을 받아 일을 진행하도록 하고, 누구나 공평하게 사는 세상을 만들어라.〉

지도자가 기도하며 도통의 경계를 내려 받은 도적골에, 임어해 계시는 미륵불께서 말씀을 내려주신다. 앞으로 도적골은 큰 성지가 된다고.

〈여기를 부두가로 생각하라. 누구나 오고 나가고 하는 부두가로 생각하라.(중략) 여기는 큰 성지다. 5~6년 내에 큰 성지가 된다.〉

인류 구원자로 새로운 세상을 열어 주시는 분이기에, 지도자가 염원을 담고 기도하던 도적골은, 대환난 이후에 사람들이 기도하고 감사드리며 왕래가 많은 인류의 큰 성지로 변화할 것이라고 하신다. 계룡산 도적골에 계시는 미륵불께서 주시는 말씀이다.

한편, 천지신명님께서, 지도자가 천상천주님의 천명을 받들기 위한 새로운 장소로 안성을 말씀하신다. 지도자는 그 곳에서부터 구원을 준비하는 모든 일들이 새롭게 시작될 것이고, 하늘에서 온 화랑들을 찾게 될 것이다.

〈안성맞춤 그것이 본인의 터다. 거기서 힘을 기르면 많이 커진다. 그 집터가 모든 이들에게 힘이 되니 찾아든다.〉

6

후천 세계가 열리는 날은 동방의 횃불이 밝혀지는 날

(1) 꽃다운 환한 세상과 한민족

환난으로부터 맑은 세상을 찾게 하기위하여,
모든 사람을 다 갖추어 봄날에 눈 녹듯이 환난을 벗겨서 꽃다운 환한 세상을 온 누리에 빛나게 하니라. 일석삼극(一析三極)의 삼(三) 말씀 중

천상천주님께서 대환난을 넘어선 우리 인류에게, 환난을 벗겨내고 대화합을 이루어 꽃다운 환한 세상이 온 누리에 빛나는 나라를 열도록 은총을 내려주신다.

환한 세상!

우리 한 민족의 역사 속에 등장한 모든 나라들은 한결같이 광명과 빛의 나라였다. 천부경이 구전으로 전수되었던 그 시작의 나라, 환국이 환한 빛의 나라였다. 환국은 우리 말 그대로 환한 나라인 것이다.

환국은 환한 광명의 제국, 배달국은 밝은 빛이 비치는 땅의 제국, 조선은 동쪽의 햇빛이 비추는 제국이다. 고구리(고구려로 읽고 있지만

나라이름의 경우, 고구리로 발음)는 하늘에서 빛을 비추는 나라, 백제(나라이름으로 백은 맥이 됨)는 고조선의 맥을 이은 환한 빛이 가득한 나라, 신라는 동방의 빛이 빛나는 나라라는 뜻으로 빛과 광명으로 채워진 나라들이었다.

환국은 한반도에 있던 나라가 아니었다. 전 세계를 아우르는 첫 연합 국가이었으며, 연합이 흩어지며 동방 땅을 지배하였던 국가가 배달국이었고, 지금의 중국, 몽고, 만주, 연해주를 비롯한 한반도 영역들뿐만 아니라, '~스탄'으로 이름 붙여진 중앙아시아 국가들도 그 영역에 포함되었다. 이후 그 땅을 고조선이 지배하였다. 근래 들어 신시(神市) 배달국이나 고조선의 영역에 대한 유적의 흔적들이 현재 몽고뿐만 아니라, 중앙아시아, 동부유럽에서 드러나고 있는 상황이기도 하다.

고조선이 쇠하고, 그 땅을 고구리, 백제, 신라가 나누어 지배하였으며, 현재 중국 중원의 땅들이었다. 한반도에 있던 나라들이 아니었다. 지금 중국 내륙 지방 일부지역을 제외하고는 고구리, 백제, 신라 삼국의 지배영역이었다. 최소 700년에서 1000년을 지속한 국가들이었지만 점점 쇠락하여 갔으며, 고리(高麗) 땅에서 일어난 명 왕조가 원 왕조를 무너뜨리면서, 중국 중원을 지배했던 고리는 물론이고 이전의 우리 삼국 역사조차 지워 나가기 시작하였다. 그 일이 지금의 중국 동북공정으로 이어져 오면서, 중국은 우리가 방심하는 사이에 삼국의 역사를 모두 중국 자신들의 역사로 편입시켜 버렸다. 그럼에도 광대한 영역의 역사 흔적을 다 지울 수가 없었던 것인지, 곳곳에 지명과 더불어 역사 흔적이 남아 있다.

고리를 무너뜨린 조선 왕조는, 고리 땅에서 시작한 명 왕조와 함께, 고리 역사는 물론 이전의 과거 역사 기록마저 수거하여 지워버렸다. 그들은 우리의 광대한 영토를 한반도로 축소시켜, 선조들이 일구어 온 광대한 중원 대륙의 땅들을 다른 이들에게 빼앗기며 더욱 쇠하게 되었다.

사실 조선 시대는 한민족 역사의 암흑기라 할 수 있다. 이후 중국과 일본으로부터 많은 침략을 받다가, 급기야 일본의 지배에 들어가면서 망하게 된다. 조선을 복속한 일본 역시, 우리의 역사를 철저하게 왜곡시켜 나갔다.

조선이후 한반도로 영역이 좁혀졌고, 일본 지배 이후 만주를 비롯한 일부 섬마저 중국이나 일본 땅으로 변하는 등 수많은 수모를 겪어왔다. 일본과 중국이 저질러온 후유증의 대가를 지금도 받고 있다. 지금은 한반도마저도 반쪽으로 나누어져, 한반도 남쪽으로 그 기운이 응집되어 버렸고, 남북이 반목하며 우리의 참 모습을 알지 못하고 살아가는 형국이 되어 버렸다.

조선 시대부터 스스로 역사서를 불태우고, 역사를 부정하며 왜곡시켰다. 중국이나 일본 등 주변의 나라들은 더 필사적으로 한민족의 역사를 삭제, 변질, 왜곡시켜 버려서, 우리들은 진정한 우리의 역사를 알기 어렵게 되었다. 더군다나 아직도 일제의 식민사관이 판을 치고, 우리의 역사 정신을 흔들어 놓아버린 현재의 상황에서, 아무리 노력하여도 우리의 참 모습을 찾기가 쉽지 않아 보인다.

세월이 지나고 난 지금에 와서는 주객이 전도되어, 중국이나 일본 등은 한국의 역사, 문화, 생활 등을 자신들의 것인데 자신들의 속국 또는 식민지이었던 한국이 훔치거나 베꼈다고 떠들어대며, 영토에 대한 분쟁도 서슴지 않고 있는 실정이다. 이에 맞서, 많은 사람들이 분루를 삼키며 수호하고 있지만, 이들의 왜곡되고 편협한 생각들이 사그라지기는커녕 오히려 더 극성을 부리고 있는 지경이다.

그러나 그들이 그렇게 난리를 쳐도, 하늘님과 수많은 신명들의 가호로 민족의 저력이 빛을 발하면서, 더 많은 세상의 관심이 우리나라에 집중될 것이며, 많은 나라들과 우호적인 관계는 더욱 강화될 것이다. 반면에 우리나라를 견제하던 일본, 중국 등의 주변국들은 고무공 바람 빠지듯 기운이 빠지면서, 점차 큰 혼란 속으로 들어가게 될 것이다.

지축이 바로 서는 대환난을 겪고 난 이후에는, 하늘님의 말씀을 받드는 지도자를 통하여, 전혀 새로운 환한 나라를 열어 나가게 된다. 마치 1만 년 전의 지도자가 하늘님의 은총으로 환한 나라인 환국을 열었듯이, 하늘님의 은총으로 새로운 세상을 열어 나가는 것이다.

천상천주님께서, 온 인류가 대환난을 넘어 만나는 대화합의 세상으로, "**꽃다운 환한 세상**"을 열어 주신다. 11번째 그 사람을 내세워, 다시금 환한 빛이 온 누리에 빛나는 나라가 열리도록 한 것이다.

천상천주님께서 대미륵에게 내리신 사명이다.

〈그때 우리 민족이 청음의 소리를 듣고 지금의 기억과 정신으로 깨어나면, 민족을 이끌고 지금의 고비 사막을 지나 내몽고까지 쓸고 올라가 밑으로 베트남 위까지 우리 땅으로 만들 것이라 하셨다. 수도는 과거 중국의 청나라 수도가 우리의 수도가 될 것이다.〉

하늘님께서 내려주신 말씀은 지금으로선 상상하기 어려울 정도의 놀라운 말씀이다. 하늘님으로부터 "성운"이라는 명호를 받은 지도자와 지도자를 따르는 무리들의 엄청난 희생과 노력으로, 비록 시작은 미미하지만, 한민족의 땅을 엄청 크게 넓혀 나간다고 하늘님께서 말씀하신다.

하늘님께서는 새로운 대제국이 자리 잡게 되는 수도에 대해 구체적인 지명으로 정해 주셨다. 그러나 천기 사항이라 입을 봉한다.

지도자는 살아남은 인류들을 규합하여 새로운 나라를 건설하여, 과거 환국의 나라 영역은 물론 나라의 광역을 더 넓혀서 우주 한 가운데 모든 이목을 받게 되며, 천천세 이어지는 나라가 된다는 축복의 말씀을 하늘님께서 내려 주시고 계시다.

시작은 미미해도, 끝내는 조선이 '성운'의 힘으로 엄청 큰 하늘의 땅이 되려니, 그렇게 넓혀서 우주 한 가운데 모든 이목을 받고서, 천천세 우주네. 지일이(地一二)의 이(二) 말씀 중

천상천주님의 말씀을 통해서, 우리 땅으로 만들 것이라고 하신 그 영역이 바로 과거 초기 대광명제국인 환국 영토이었고, 고구리, 백제, 신라의 삼국시절에 장악하고 있었던 우리의 영토라는 것을 알게 해 준다.

(2) 약속의 땅을 이루는 삼족오와 삼족오 신

하늘님께서 과거 한민족 땅을 모두 회복할 것이라고 말씀하신다. 그렇게 회복한 땅에서 온 인류를 위한 빛의 나라가 열리게 된다.

이 역할을 수행하는 무리들을 천상천주님께서는, "**삼족오**" 무리라고 축복하여 말씀해 주시고 계시다. 천일일(天一一)에서 마지막 일(一)의 말씀이다. 하늘님께서는 삼족오 무리들을 이끌며, 하늘님의 역사를 이루는 지도자를 "**삼족오 신**"이라고 말씀을 주신다.

삼족오는 누가 안 볼 때, 일을 홰대명 솟구쳐 사심이 없게 한 가지에 집념을 다 받쳐, 똑바로 확실히 이룩하는 것이니, 그것이 삼족오 신이다.

천상천주님께서는 홰대명을, 의리와 삶을 하늘에 맡기고 사선을 넘나드는 것이라고 풀어서 말씀해 주신다. 천상천주님께서 미래를 내다보시고, 삼족오 신인 지도자와 삼족오 영웅들이 하늘에 의리와 삶을 다 맡기고, 죽음의 경계를 넘어서면서, 광명의 제국을 만들어 나간다고 말씀해 주신다. 아니, 그렇게 천명을 주신 것이다.

세월이 더 흐르고 흘러서, 나중에 남은 후예들이, 하늘님의 천명을 받들며, 새 하늘과 새 땅을 만들어 갔던, 그 삼족오 영웅들을 또 어떻게 말하고 표현할까? 진실은 다 잊어버리고, 남아 있는 표상들만 가지고, 전혀 엉뚱한 말을 하지는 않을까?

또다시 곰과 호랑이를 이야기할까? 까마귀를 말하고?

그렇게 되지 않기를 바랄 뿐이다.

통도사 비로전에 계시는 비로자나불께서, "해오한다."고 네 번을 말하게 한 뒤, 대미륵에게, "**약속의 땅을 꼭 찾아라.**"고 하신다. 도리를 크게 깨우친 하늘의 아이가 큰 영토를 만드는데 8년 걸린다는 것을 말씀해 주신다. 우리 민족에게 약속한 땅을 만드는 데 8년이 걸린다고 하신다. 물론 축복의 말씀이다.

부처께서도 염원하시는 동방의 새로운 횃불이 밝혀지는 날로부터. 말할 수 없는 대환난의 어려움을 뚫고 마침내 이루어낼 새로운 세상은 이미 천상에서 준비되고 있었다.

〈부처님 큰 영광을 내려 주십시오. 항상 바른길로 가게 인도하여 주세요. 비로자나 부처님 염원하옵니다. 부처님께서 말씀하신다. **"해오한다."고 네 번 말하라 하신다.** (중략) 연꽃이 우산처럼 펼쳐져서 빙빙 돌아간다. 가운데는 부처님이 서계신다. 그래야 저 멀리까지 볼 수 있는 것이다. **"약속의 땅을 꼭 찾아라. 그게 해오하는 것이다. 하늘의 아이가 큰 영토를 만드는데 8년 걸린다."**〉

북한산 원효봉을 오르는 길에 계곡을 끼고 가다보면, 다음의 사진과 같이 큰 바위에 그려진 벽화가 있다. 무속에서는 왼쪽 사진에 계신 분을 의술도사로, 오른쪽 사진에 계신 분들을 약사 칠성으로 알고 기도한다고 한다. 어쨌든 이 벽화를 그린 분은 정성을 다해 그렸을 것이다.

[그림 7] 백마신장(좌)과 무주공상 단군, 도해단군(우)

대미륵인 지도자께서 2020년 새해 북한산 원효봉에 기도드리기 위해 산을 오르는 중, 어디선가 부르는 말씀을 듣고, 말씀이 들리는 곳으로 가보니, 사진 속의 벽화를 만나게 되었다. 그때 왼쪽 분은 백마신장인 산신령이라고 신원을 밝혀주셨다. 오른쪽 분들 중에서 영지버섯을 들고 계신 분이 나오셔서 지도자께 말씀을 내려 주신다.

〈백마신장이신 산신(왼쪽)께 기도를 드리고, 오른쪽 사진에서 보면 알겠지만, 영지버섯을 들고 계시는 분이 나오셔서, **"나는 무주공상이다."**고 하시고, 처음 보는 높은 산 위에 계시는 모습을 보여 주신다. 그리고 **"나는 나라를 건국한 1대 단군이라."**고 신원을 말씀해 주신다. 그리고 복숭아를 들고 계시는 분은 **"11대 도해 단군"**이라고 하시며, 말씀을 주신다.〉

신화로만 알고 있던 단군 황제께서 이렇게 신명으로 그 모습을 보여 주시며, 우리의 역사가 신화가 아니라, 엄연히 존재하였던 어마무시한 대제국이었음을 알려주시는 것이다. 내려주신 말씀 중에 "처음 보는 높은 산"은 백두산이 아니다. 더 높은 산을 보여주신 것이다. 1대 단군 황제께서 "**무주공상**"이라고 알려주시고, 11대 도해 단군과 함께 하고 계신다는 사실을 알려주시는 것이다. 이후 대미륵의 스님 제자가 이곳을 일러, "단군신전"이라고 칭한다. 단군 황제들께서 아들이라고 하시며, 말씀을 내려 주신다.

〈아들아 네가 맘에 드는 아이들로 써 보거라. 천상에서 온 화랑들이면 좋겠다. 그들은 음이든, 양이든 다 뛰어드는 아이들이다. (중략) 무잇이나 애지중지하지만 말뿐이어서는 안 되고, 내가 주

체가 되어 이건 이렇게, 저건 저렇게, 무엇이든 문제되는 것 없이 팔랑팔랑 풀어져 나갈 것이다. 마음으로 부족함 없이 모두 흘러가게 내가 도와줄 것이다.〉

말씀을 전해들은 스님 제자가 묻는다. "절을 몇 번 올릴까요?"

단군 황제께서, "나는 너희들의 하늘이니, 87번 절을 하라." 하신다. 예를 갖추어 절을 한다. 이렇듯 이 사례를 보더라도, 사람들이 얼마나 신을 제대로 알지 못하고 기도하고 있는지를 여실히 알 수 있다. 이제는 신을 바르게 알고 기도하여야 한다.

그리고 대미륵께서 산에서 기도하시는 중에, 배달국 4대 환웅이신 모사라 천황께서 홀연히 나타나시어, 후천 세계를 말씀하신다.

〈나는 배우지도 않고 알지도 못하는데, 4대 환웅이신 "**모사라**" 님이라 나타나시어 앞으로 오는 후천 세계를 논의하신다. 아무것도 모르는 나로서는 그저 황당할 뿐이다.〉

고조선 초대 단군이신 무주공상 황제와 11대 단군이신 도해 황제를 만나신 이후, 고조선 이전의 배달국 4대 환웅이신 모사라 천황께서 나타나시어, 후천 세계를 여는데 함께 하신다는 말씀은 우리를 다시 한 번 놀라게 한다.

고조선조차 신화로만 알고 있는 분들에게는 참으로 놀라운 말씀이다. 역사에 깊은 관심을 갖지 않고서는, 18분의 환웅 천황은커녕 47분의 단군 황제들도 모를 뿐만 아니라, 명칭도 생소할 것이다. 그런데, "**모사라**" 환웅 천황께서 나오셔서 앞으로 오는 후천 세계를 함께 하신다고 말해 주신다. 배날국의 환웅 천황 계보에서 4대 환웅 전황이신 "**모사라**" 천황을 찾았다. 재위 연수 129세의 천황이시다.

말씀으로 알려주시는, 엄연히 존재하는 우리 한민족 역사 뿌리인 고대 역사를 건국 신화로 격하하여 제대로 된 교육도 하지 않는 우리나라의 역사 교육 실정이 참으로 안타깝다. 이러한 현재의 모습은, 조선시대 왕들에 의해 저질러진 우리 스스로의 역사 지우기, 중국의 역사 왜곡, 일본 군국주의자들이 철저하게 뭉개어 날조시켜 버려, 알 수도 없게 만들어 버린 우리 역사인지라, 누군들 제대로 알 수 있으랴!

지금도 일본식민사관을 내세우는 학자들이 학계를 점거하여, 일본 학자들의 주장을 그대로 내세우는 등, 우리 고대사를 제대로 알 수 없게 하고 있다. 어디서부터 바로 잡아야 하는 걸까? 거대한 미몽에 휩싸여 있는 사람들이 가득한데, 현재로는 쉽지 않을 것 같다.

이제는 환국, 배달국, 단군 조선의 역사를 반드시 새롭게 재조명하여야 한다. 그리고 한반도가 아니라 중국을 넘어 아시아대륙을 지배하며 호령하였던, 고구리, 백제, 신라, 고리, 발해의 역사도 바르게 잡아야 한다.

환국 이전부터 구전되어 온 천부경, 4대 모사라 환웅 천황, 초대 무주공상 단군 황제와 11대 도해 단군 황제의 출현과 말씀을 통해, 우리는 이 민족의 역사를 다시 한 번 새롭게 인식하여야 한다. 대미륵께서는 환웅 천황, 단군 천황의 말씀을 들으시고, 이렇게 정리하신다.

〈후천 세계가 열리는 날이, 동방의 횃불이 밝혀질 날이고, 우리 민족이 세계를 이끌어 가는 날이 다가온 것 같다.〉

(3) 11번째 천부경으로 이루는 세상

나는 천부경이 천상천주님께서 구원의 지도자에게 내려주신 새 세상 개척을 위한 계율 말씀이라고 전한 바 있다.

그 사람을 하늘이 알고 있다. 11번째 이르러 이 글을 알려준다.

앞에서 이미 천부경은 세상 사람들이 많이들 말하는 대환난 속에 인류를 살려서 새로운 나라를 만들어 가도록, 하늘님께서 인류의 지도자에게 내려주신 글이라고 했다.

그리고 앞에서 천상천주님께서, "**하늘은 그 사람을 알고 있다고 하시고, 11번째로 이제 알려주신다.**"고 말씀을 주셨다고 언급한 바 있다. 또한 환국에서부터 구전으로 전해오던 천부경은 10번째의 인류 지도자에게 하늘님께서 알려주신 내용이라는 것도 이미 전한 바 있다.

천부경이 대환난을 넘어서서 새로운 세상을 여는 지도자에게 주시는 하늘님의 말씀이라고 하였다. 당연히 대환난과 새로운 세상이라는 사건이 있어야 하늘에서 열어주시는 말씀이다.

하늘에서 알려주시는 천부경의 내용은 인류의 지도자가 아니고서는 어느 누구도 알 수 없는 것이다. 그만한 새로운 세상을 여는 일이라면, 대광명제국인 환국을 있게 한 구원의 지도자가 10번째의 그 삶이며, 그 지도자로부터 구전되어 내려온 것이 지금의 천부경인 것이다.

그렇다면, 지금으로부터 1만여년 전, 광명의 제국이라는 환국 그 이전에 인류에게 엄청난 대환난이 있었음을 알 수 있고, 대환난을 극복하며 대제국을 건설한 것은, 바로 하늘에서 알려주신 천부경에서 비롯되었다고 할 수 있다.

11번째 이르러 이 글을 알려준다!

11번째 이르러 하늘님께서 알려주시는 이 글! 천부경.

인류가 겪어나갈 대환난의 비겁을 극복하고, 인류를 구원하여 새로운 세상을 여는 지도자에게 하늘님께서 내려주시는 글이다. 하늘님께서 주시는 글이기에 경(經)이라고 한 것이다.

그렇다면 과거 10번의 대환난이 있었다는 것이다. 인류의 역사가 지금의 우리로써는 참으로 이해하기 어려운, 오랜 시간 속에 지난한 과정을 겪어 오면서 이루어져 왔다는 것을 알 수 있다. 지금은 희미한 역사 너머의 제국이 되었지만, 10번째의 대환난을 극복하고, 인류를 구원하여, 건설한 새로운 세상의 나라, 광명의 제국인 환국을 떠 올린다.

이제 11번째에 이르러 이 글을 알려주시는 하늘님! 천상천주님!

우리는 하늘님의 축복 속에 구원의 지도자를 선두로 하여, 불원간 지구 전체에 벌어질 대환난을 극복하고, 새로운 세상을 열어 나가게 될 것이다.

만방에 환하게 펼쳐지는 곳, 어둠은 걷고.
밝은 광영이 있는 곳, 바로 황상이 있는 곳이다.

새로운 하늘, 새로운 땅이 열린다.

동방의 새로운 횃불이 다시 밝혀지고, 맑은 세상을 찾고, 모든 사람을 다 갖추어 봄날에 눈 녹듯이 환난을 벗겨서 꽃다운 환한 세상을 온 누리에 빛나게 하는 그런 세상을 열어나가게 된다.

천상천주님께서는 새롭게 열리는 곳, 그 곳은 만방에 환하게 펼쳐지는 곳, 밝은 광영이 있는 곳, 그 곳에 지도자가 무리와 함께하는 새로운 나라가 출현한다고 말씀해 주신다. 그 지도자가 미래 황상으로 자리 잡는다고 하신다. 그리고 이루게 되는 새로운 광명의 제국, 이제는 환국이 아니라, "**대마한**"이라고 나라 이름을 밝혀주신다. 가장 밝은 정점에 있는 나라로 마한을 말씀하시는 것일까? 과거 고조선 아니면 고구리의 맥을 이어나갈 대제국을 말씀하시는 걸까?

그 이후 이어지는 광명 제국 대황제들을 무극이라고 말씀해 주신다.

대마한의 왕, 천하의 하늘을 지고 가는 사람,
태극의 황제임을 명심하라. 우주의 대황제다. 무극이다.
대한 황제들만 쓰는 것을 무극이라 한다.
앞으로 4~5년 동안 파란만장한 일들을 많이 겪는다.
5년 후부터는 편안하다.

천상천주님께서는 "**온 누리에 빛나는 꽃다운 환한 세상을 바탕으로 하는 천하의 하늘이 되는 나라를, "태극"이라.**"고 알려주신다.

그 태극의 땅을 이끌고 가는 사람들을 천하의 하늘을 지고 가는 사람들이라고 하시고, "**무극**"이라고 하신다. "**대한의 황제들만 무극이라는 칭호를 쓴다.**"고 말씀해 주신다.

하늘님께서 무극, 태극에 대해서 놀라운 말씀을 내려주시고 계시다. 이러한 역사의 실상을 알지 못하고, 역학이나 유교에서는 무극, 태극을 자신들의 사상 체계를 정리하는 철학 용어로 만들어 버렸다.

역사 속에 진행되었던 위대한 한민족의 실체적 사실들은 역사가 흘러오면서 진실한 내용은 사라지고, 역학이나 유교 사상의 용어로 자리 잡고 있는 것이다. 오로지 하늘님의 말씀을 통해서 역사의 진실이 밝혀져야, 진실처럼 자리 잡고 있는 용어들의 허상을 드러내어 바르게 잡을 수 있을 것이다.

앞으로 펼쳐질 새로운 세상은 한반도 남쪽 땅에 웅크린 한국이 아니라, 환국과 같은 대제국이 된다. 대마한이다. 대마한의 황제를 무극이라고 말씀해 주신다. 대마한의 황제들은 단순한 황제가 아니라, 우주의 대황제로써 자리잡아간다고 축복의 말씀을 주시는 것이다. 지구 전역에 영향을 미치는 대제국이 나타나는 것이다.

앞으로 하늘의 신명 기운을 받아, 나라를 다스리는 인물들이 나오는데, 하늘에서는 그런 인물을 일컬어 "**등신**"이라 한다. 신들이 어깨 쪽에서 함께 하시며, 천지의 기운을 불어 넣어주신다고 한다. 천지기운을 받는 등신이 나오는 것이다.

천신들께서 전해 주시는 말씀에 따르면, 새로운 세상에서는 세 부류의 등신이 등장하는데, 지구 전역을 다스리는 상등신이 나오고, 오대양 육대주를 다스리는 중등신, 각 나라를 다스리는 하등신이 나온다.

이렇듯 앞으로 열리는 새로운 세상은 천상의 신들과, 지상의 신들이 함께하는 하늘님 친정의 시대가 열린다. 그러나 천상천주님께서는 당신님을 위하는 것이 아니라, 너희들 세상을 위해 목숨을 다 바치라고 하신다.

신계에서 이루어지는 하늘님의 친정시대와 더불어, 지상에서는 하늘님의 말씀을 중심으로 대화합이 이루어진 새로운 종교, 정치, 사회, 제도가 열린다. 하늘님과 함께 하는 삶이 열리는 것이다.

지금의 기울어진 우주 환경으로 만들어진 불평등이 아니라, 지축이 바로 선 새로운 우주의 환경으로 새로운 세상이 열리는 것이다.

천상의 신계를 본받은 지상의 세계가 열리는 것이다. 그래서 하늘님의 말씀을 받드는 황제정치가 나타난다. 사람들에게는 깨달음의 경계 외에는 차이 없는 평등한 세상이 열리는 것이다.

천상천주님께서 말씀해주신, "**하늘은, 온 인류를 하늘의 자식으로, 만백성의 어버이로 진솔한 빛이 은은한 향기로운 곳에서 마음껏 피어나**"는 세상이 열리는 것이다. 참다운 종교와 참다운 정치와 사회가 열려 나가는 것이다. 사람들은 각자의 지경을 알고 지키며, 최선의 역할을 다하여 환한 광명의 제국을 열어 나가는 것이다.

그런 기운들이 지금 우리나라에 어른거리고 있다. 한국의 경제력 등의 유형 자원인 하드 파워(Hard Power), K-pop, K-문화 등의 무형 자원인 소프트 파워(Soft Power)가 세상 사람들의 관심을 엄청나게 받고 있다. 우리들의 의식 속에는 이미 새로운 세상을 만들어 나갈 수 있는 기운을 뿜어내고 있다.

이러한 새로운 세상을 향한 기운이 넘쳐나지만, 한편으로는 지축정립이라는 대환난의 기운이 시작되고 있다. 대환난의 비겁을 넘어, 새로운 세상을 열어 나가기 위해서, 지도자를 비롯하여 천상에서 온 화랑들은, 찰 마구니 같이 무엇이든 끝까지 붙들고 늘어져야 한다고 말씀을 주신다.

왕관을 쓰려면 참을 인자가 필요하다는 말씀을 명심하여야 한다. 그러시면서, 새 세상을 열기 위해 대륙을 횡단할 때, "**흰옷으로 입어라.**"고 하신다. "**흰 옷은 참 영롱한 빛**"이라고 말씀을 내려주신다. 참으로 영롱한 흰옷을 입으면 축적하는 힘이 생긴다고 축복을 주신다. 동시에 칠성께서 항상 함께하시며, 광영의 빛을 준다고 하신다.

찰 마구니 같은 물고 늘어지는 그런 기질이 있어야 한다.
무엇을 하려고 하면 끝까지 붙들고 늘어져야 한다.
사모관대를 끝까지 써야 한다.
왕관을 쓰려면 참을 인자가 필요하다. (중략)
흰옷은 참 영롱한 빛이다. 대륙을 횡단할 때 흰옷으로 입어라.
그러면 축적하는 힘이 생긴다. (중략)
항상 칠성님이 알현하니 붉은색의 빛을 준다. 참으로 영롱하다.

1만 년 전, 광명의 나라이었던 환국이 세워진 것처럼, 이제는 천상천주님의 천명을 받은 지도자를 중심으로, '**천상의 화랑들**'과 '**삼족오들**'이 새로운 광명의 나라, 대마한을 세우는 것이다.

광명의 나라, 대마한은 항상 웃음꽃이 피어나고, 수명이 50년 이상 더 늘어나 건강한 삶을 영위하는, 온 누리에 빛나는 꽃다운 환한 세상이 열리는 태극의 나라이다. 무극의 대황제들과 천상의 화랑들, 하늘의 자식인 온 인류가 함께 만들어가는 대화합의 환한 나라이자, 진솔한 빛이 은은한 향기로운 그 곳에서 자유가 마음껏 피어나는 나라이다.

부산 기장군 오랑대에서 용왕과 용신, 그리고 해동의 용왕, 해동의 부처, 오랑대 임금을 모시는 용왕제를 지내는데, 해동의 용왕께서 말씀을 내려주신다.

〈이제부터 수명이 장수한다. 무궁한 나라를 이끌어 나가라. 대마한을 건설하고 자유를 신봉하는 나라를 꼭 세우거라. 그리고 항상 웃음꽃이 피는 나라를 만들거라. 약속의 땅은 하늘의 의지로 넘고 넘어가야 한다. 약속의 땅을 꼭 만들거라. 부국 강산을 꼭 이루거라. 나는 너희들이 꼭 잘 할 것을 알고 있다.〉

약속의 땅인 무궁한 나라 대마한을 건설하고, 자유를 신봉하는 나라, 항상 웃음꽃이 피는 나라, 부국강산을 이루라고 하시고, 꼭 잘 할 것이라고 다짐과 축원을 내려주신다. 그리고 하늘의 의지로 넘고 가라고 하신다.

모든 신들의 염원이 담겨 있으며, 우리 인류를 위한 하늘님의 천명이자 은총이 11번째 천부경이다. 이제 11번째 천부경으로 열어나가는 새로운 동방의 횃불이 켜지기 시작하고 있다. 그것도 36,000년 지속될 그런 횃불이!

[부록으로 하늘님이신 천상천주님께서 대미륵이신 성운율사에게 내려주신 천부경 내용을 공개하여 첨부하였으니, 참고하기 바란다.]

부록 :

하늘님께서 내려주신

천부경 말씀

(지도자께서 받은 말씀 중)

천부경:
오묘한 하늘의 비밀을 역으로 피력한 핵심을 이치에 맞게 경으로 인간에게 이름이다.

천부경은 환난이 끝나고 새로운 세상이 시작될 때, 세상을 어떻게 만들어서, 백성을 먹여 살리고 새로운 나라를 형성하는 과정을 하나하나 핵심을 천상천주님께서 글로써 후세에 남긴 글입니다.

이것은 아무나 해석하는 것이 아니라, 도통을 하고 청음을 하늘로부터 받은 사람만 해석할 수 있는 것입니다. 그러니 학자, 교수, 전문가 그 누구도 아니며, 지구상에는 성운 율사이외는 없다고 봅니다.

후천 세계를 여는 방법인 것 같습니다. 이제 때가 되어, 우리 민족 모두에게 천부경을 공개합니다.

(81자 배치와 한자 띄어쓰기는 하늘님 말씀 받은 내용에 따라 배치하였고, 말씀 중 일부 굵은 글자는 저자가 임의로 편집한 것임.)

一始無始 一析 三極無 盡本天一 一地 一二人
일시무시 일석 삼극무 진본천일 일지 일이인

一三一積 十鉅 無匱 化 三天二 三地二 三人二
일삼일적 십거 무궤 화 삼천이 삼지이 삼인이

三大三合 六生 七八九 運三 四成 環五
삼대삼합 육생 칠팔구 운삼 사성 환오

七一妙 衍萬 往萬 來用 變不動本
칠일묘 연만 왕만 래용 변부동본

本心本太陽 昻明人 中天地一 一終 無終一
본심본태양 앙명인 중천지일 일종 무종일

一:

* **그 사람을 하늘이 알고 있다. 11번째 이르러 이 글을 알려준다.**
* 71개의 획을 가지고 있어 편함을 이야기하며 소우주를 바탕으로 하고 있다. 획 하나에 힘이 있어 편안을 알며 쏙 나감을 안다.
* 사물을 바탕으로 하니, 색경[환함과 어둠]을 긍지로 한다.
* 나른함을 알려면 피나는 노력이 있어야 한다.
* 솟구침을 알려면 펴짐도 생각해야 된다.
* 속과 겉을 안정하라.
* **함구하고 1인이 진행하라.**

始:

* **무엇하나 같은 것은 없으니 파헤쳐 나가라.**
* 색경은 나태하게 한다.
* 마른 풀은 푸른 풀이 되지 않는다.
* 빛깔은 색의 변화를 얘기한다. 확고한 신념이다.
* 미물은 파경을 맞는다.
* 화는 많은 이를 괴롭힌다.
* **가엾은 것은 반역의 무리다.**
* 속이 얇으면 피가 튄다. 바로 가라.
* 역사는 하늘에서 겸양해 준다. 바깥보다 안을 견고히 하라.
* 못한다 하지 말고 행하라. 어부지리가 얻는 게 있다.
* **하늘은 함구하고 있는 듯하나, 하늘이 알고 있다. 비껴가지 못한다.**
* **비약하면 아니 되니, 갖출 것은 갖추어라.**

無:

* 획획 지나가는 것은 낯판 보기 어렵다, 반듯이 갈 것.
* 하늘은 하얗지만 마음은 어둠이다. 낮과 밤을 분별하라.
* **곱디고운 것은 하늘이 주는 것.** 함부로 행하려 하지 마라.
* 반사 힘은 무지하게 힘을 크게 한다. 바깥출입을 금지 하라.
* **곧은 일을 행하려거든 바른 길을 택하라, 명심하라.**
* **명은 하늘이 주는 것, 확고한 신념을 가지고 살며, 혁신하라.**
* 밤은 낮보다 어두우니, 결명처럼 나가라. 매우 진지하게.
* **고난이 난무하니 갈 곳이 어디인가, 한발 앞을 예측하지 못한다. 함부로 가지 마라.**
* 곽 속에 갇히면 암흑인 걸, 천장의 대들보를 보고 가라, 색경을 잡아라. 그래야 환한 곳을 볼 수 있다.
* 그러나 남문을 피해라. 곽 속은 불빛이 없어 파란을 맞는다. 좌측 위로 올라 나가라. 행운이 있다.
* 편안함을 알려면 전심전력을 다하여 피어나야 하느니라.
* 하늘은 높고, 가엾은 님은 어디 갔나? 빛과 소금이라, 밝은 것 낮은 것은 배우며 터득하라.
* 음정은 광영이요, 광영은 밝은 빛이라, 깨끗해야 된다.
* **미동에 귀를 기울여라, 환난을 피할 수가 있다. 항상 견제하라.**
* **한 솥은 중앙을 잘 지키거라. 한가운데서 역모가 일어난다.**
* 비탈길을 가야 하므로, 바로 질러가거라.
* 비탈길을 엄습하지 마라, 가신들의 방탕이 있다.
* **혁명은 하늘이 맡긴 것, 갖은 고난 벗어던져라. 해탈해야 하느니.**
* 일어나라 동쪽의 해를 보고 관음이 기다린다. 펼 신이 반듯하구나.

始:

* 망자는 헛것을 피력하지 못한다.
* **마음은 지안을 밝히지 못하니, 참고 또 참아라.**
* 참을 인은 나만으로 족하니, 마음 편히 해라.
* 봉이, 삼마, 마귀, 천지연, 잡귀, 몽당 귀신 잡념은 흙탕물 백가를 떠서 갈아붙여라, 그래야 깨끗하다.
* 엷다고 바보로 보느냐. 앙칼지고 미련하지만 참아야 히느니, 백개 안에 천만 개가 더 있다.
* 그만두면 안전하지만, 비틀면 안 좋은 것을 벽 쪽에 고개 숙인 나인을 봐라, 무엇에 희망을 걸겠느냐.
* 한은 다 같이 가는 것, 무릇 다 같이 핍박을 받느니라.
* 천념은 가신으로부터 떵떵거릴 수 있으며, 반은 이긴 셈이다.
* 갑 속에 지략이 있듯 팔괘가 있다. 뜻을 펴라, 봉은 하늘이 온주 하니 밝은 빛을 내린다.
* **환한 것은 깨끗함을 말한다.**

一:

* **하늘은 나를 보고 안달한다 하지만, 바로 가지 않으면 무엇 하나 가진 게 없다.**
* 빗 좋은 개살구, 허물만 있지 가진 게 없다.
* 이윤을 반으로만 알지, 몸 전체는 아니 된다.
* **비단 가졌다 하나 안 보면 없는 거와 같다.**
* 빛은 차가운 것 바로 보고 바로 가야 행함이 있다.
* 빗대어 가면 망하니, 가심이 없어야 된다.

* 비 온 뒤에 땅이 굳듯, 찬 것을 피해라.
* 비 오면 젖지만, 나가면 얻음이 있다.
* 빌거라, 찬 서리와 비는 피하게 해달라고.
* 봉황이 있으면 깨끗함이 있다.
* 봄날에 아지랑이 너울거리듯 울타리를 일으켜 세워야, 바람도 막고 병도 막고 가사도 돌본다.
* **복은 항상 있는데, 가진 자와 갖지 못한 자 천차만별이네.**
* **밥을 먹어도, 못 먹은 자, 가진 자, 똑같이 음식을 못 먹는구나.**
* 마음을 비워라, 처음과 같이.
* **빈곤을 탈피하려면 비울 것은 비우고, 마른 것은 마르게 하면, 떨어질 낙과들은 솎아내야 잘 익는다.**

析:

* 황후는 하나이니, 빛깔이 오색찬란하며, 획을 그으니 처음과 끝이 오묘함을 말한다.
* 반야바라밀의 으뜸을 하나와 같듯이, 형형색색이 오묘함을 뜻하듯, 획을 그으며 천하 으뜸을 표함이다.
* 항만은 천에 하구와 같은 것. 밭이 논이 되듯, 하구를 막으면 별의별 것이 다 얻어지듯 갖은 오만가지를 다 갖추고서 이익을 사이좋게 갖추고 가야 하느니.
* 항구가 갖추어지면 값진 오만 가지가 떡떡 들어오니 큰 파고[형형색색을 쌓는 창고]가 있어야 되고, 그러자면 힘과 기능 있어야 되고, 하루에 한 번은 돌봐야 시비를 가릴 수 있다.
* 두 육 칸은 비워두되 칸칸이 비워 차근차근 들어오는 데로 꼭꼭

잘 간수해야 얻어 가고 나가는 것들을 기록에 옮길 수 있느니.

* 항구는 잘 간수하면 되고 확실한 것은 운다가 해야 된다.[운다: 처음부터 끝까지 가는 사람]
* 문을 닫으면 꼭 확인하고 항구에 어떤 것도 드나듦을 막아 편안하다.
* 한집은 각시가 앉아 빗질을 하게하고 집안은 남편이 우선이니 내조를 잘해 그릇의 크기에 맞추어 이부자리를 채녀야 그것이 도리이니라.
* 밤은 하녀 한 사람만 데리고, 다 물려야 되느니 아픈 마음 달래가며 우선 행위를 하되 조화 있게 하고 파행을 막아야 되니, 참으며 베고 자야 하느니, 오른 일은 이치에 맞게 행하고 잠은 평소와 같이 하면 되느니라.
* 다 갖추면 할 것이며 자고, 지고, 팔난이 우선해진다.
* 각시가 가엾으면 달려가 다분히 가지런히 잘 받들어 행하매 피력해야 되느니 달갑게 모셔야 되느니라.
* **의류는 복을 담는 것이니 곱고 찬란한 것으로 하되, 좋게 의젓하게, 밝은 색으로 화려하게 으뜸으로 해야 되느니라**
* **하늘, 하얀 것을 화려하다 하니. 하얗고 부드러운 것으로 해서 뭇사람으로부터 선망이 되게 해야 하느니.**
* 갓은 깃이 있고 팔경이 환하고 빗질이 편하게 제작하되, 참하고 편안하게 의젓하게 피력해야 되느니라.
* 황상은 해후 후, 밖에 나올 때 의관정재하고, 하루도 빠짐없이 항상 귀모를 밝게 하고, 환한 모습을 비추어야 하느니 그것이 귀감이다.

* 끝말은 해후하고 정들어 망령이 날 때까지 변치 말고 편안하게 오손도손 잘 지낼지니라.

三:

* 해코지는 마음에서 이탈되는 것이다.
* 삼을 획으로 그어도 처음과 끝이 다르듯이 함부로 이야기할 수 없으며 잠정적으로 이어져 가는 것이니 착석한 후 옳게 가름해야 되느니.
* 잦은 것은 화를 부르니 참고 또 참으며 겸허히 파란으로부터 탈피해야 되겠느니라.
* 밤은 이슬과 같이 오는 것이니, 참으로 온 나라가 편안해지는 시각이니라.
* 정열과 사랑으로 몸과 마음으로 온몸과 정성으로 지극해야 하므로 마음을 편히 해야 가정이 항상 편안하다.
* 곁들여 편애하지 말며 속과 겉을 정열로써 애써 힘이 되게 하여야 되느니라.
* **하나를 알면 모든 것의 시발점이네, 천천히 사물을 보고 형색과 만물의 근원을 찾아 그 끝이 어디인지 찾아가서 참회하고 서로 의견을 참고하며, 서론과 결론을 지어야 하느니라.**
* 혹자는 사물의 끝은 보지도 않고 퍽도 알려고도 않고, 생각하려 하지도 않고, 비껴 나가려 하니, 그 어찌 반듯한 걸 안다 할쏘냐.
* 함부로 말하지 말 것이며, 함구하고 지켜보며, 지략을 펴 맞게 행하여야 편애하지 않으니, 밤은 낮보다 즐거움이 많다 아니 할쏘냐.

* 정말 이치에 그르치지 않게 협조 당부하며 서로의 의견이 차질 없게 함은, 서로를 당신께 팔베개를 주는 것이니, 마음을 곱게 편하게 일으켜 세워 줌이니, 편안한 마음은 황상과 천황의 몫이니, 천세에 길이 후손에 일으켜 줌이니 마음을 정립하여 편안케 행하라. 안다, 서로 함께 같이 가야 하느니.
* **복이 하늘에 있으니 하늘에 항상 경배 하라, 지극정성으로**
* **환난으로부터 맑은 세상을 찾게 하기위하여, 모든 사람을 다 갖추어 봄날에 눈 녹듯이 환난을 벗겨서 꽃다운 환한 세상을 온 누리에 빛나게 하니라. 그렇다 하늘은, 온 인류를 하늘의 자식으로, 만백성의 어버이로 진솔한 빛이 은은한 향기로운 곳에서 마음껏 피어나야 하느니.**
* 세속을 벗겨 환함과 이로움을 같이 하여 혼란과 비경으로 행복을 찾아 홀연히 행함은 만조에 길이길이 빛날 것이다. 하얀 비둘기처럼.
* 겁난 이로부터 편안하게 지낼 수 있느니라. 환난과 겁난, 핍박과 혼동, 악귀로부터 성공치 못할까?
* **두려워 말라, 하늘은 항상 둘을 잘 지키고 있으니,** 비탈길을 가도 몸을 들어 반듯하게 가게 하려니 몸 져 행하라.
* 혹자는, **하늘이 우리를 안 본다 하여 한숨지으며, 한탄해 하지만, 하늘은 모든 일을 환하게 알고 있으니,** 핍박 받지 말며 한숨 쉬지 마라. 행하면 얻을 것이다.

極:

* **혹자는 너를 바보라 한다.**

* 만인의 어버이로, 파경에 들지 못하게 하며 확고한 이념을 갖추고 변고에 들지 않게 하여야 하느니라. 핍박은 한을 낳으니 결국 한을 만든다.
* 혹자는 말하기를 좋아하며 남을 이렇고 저렇고 하지만, 새겨들어야 하며, 소리 없이 행하여야 하며, 세력과 과욕은 마음을 편하게 하지 못하니 비껴가야 한다.

배고픔을 알면, 먼 훗날 핍박으로부터 굶은 자를 배불리 먹게 할 것이며, 마음을 밝게 하여 처소에서 밝은 세상을 보고, 세상의 이치를 알고 파악하고, 아랫것들을 보살필 줄 아는 지혜를 발휘하여야 하느니라.

* 파행으로 들지 않게 하여야 하며 먹고 입고 사는 것을 잘 보살펴야 하느니.
* **온 만물의 것들은 다 온순하며 파벌로 나누어 가려 하니, 다 갖추어 주는 사람이 필요하다.**
* 또한 황상으로써 귀품이 있어 온 백성의 삶을 펴나감을 위로부터 밑으로까지 흠모할 수 있게 함이로다.
* 천하를 얻었다 하여 마음을 두지 않으면, 무엇 하나 제대로 흘러가지 못하니, 밤낮으로 몸소 챙기며 속속들이 만지고 발로 밟으며 행하여야 그 아래의 빛이 어디까지인지 알 수 있다.
* 본인의 눈으로 본다고 하여 애태우지 말며 한 사람씩 불러 누구는 무엇을 하고 무엇을 하는지 뜻만 확인하면서 넘어가면 실타래처럼 슬슬 풀려 갈 테니 확인하면서 챙겨라.

無:

* **세력을 말함이다.**

* 어느새 낯이 익으면, 인연을 끈으로 하여 서로 높은 곳에 직위를 주면 갖은 방편을 쓴다.

* 하늘은 옆에도 뒤에도 두루 둘러보면서 말씽 없게, 그 누구의 성품과 도는 많이 닦았는지, 수양 정도 그곳을 보며 살피면서, 어른께 물어서 밝혀서 편애하지 않게 하여라. 그네들 속에 파묻혀 들지 않느니라.

* 설령 부단히 끌려 다녀도, 도만 부리면 이 한 손에 많은 이가 굴복한다. 처음으로 만 백성이 알게 될 것이다.

* **청음은 이 세상에 너 하나만 되니**, 우레 같고 천둥이 우르릉 쾅쾅 지축이 흔들며 오만 가지가 바로 이치가 시작되니, 청음에 많은 백성이 황제를 하늘이라 하니, 너희를 황제 폐하라 할지니라. 우륵 신명과 (옥)쇄함을 무릎 위에 있게 하라.

* 시작은 경천지국이니 서로가 역사하려 하니, 말로만 하는 자, 생각으로 움직이는 자, 떡만 보는 자, 이것저것 챙기는 자, 가지각색이네, 그래서 이쁜 세상은 도력이 필요하네. 온 백성이 손벽치며 환호하네.

* 이산에서 뻐꾹 저 산에서 뻐꾹 절을 하네, 역술 신전이네, 청음으로 말만 하면 야단이네. 만천세 천세 만백성이 야단이네

* 청음은 소두 망녀, 새야 새야 날개를 펴라 이쪽 바다 저쪽 바다 임금 바다 어디든 다 간다.

* 넓지 감치다 날아간다. **청음이 하늘이다. 천신, 천신, 너는 삼신이다.**

* 고요한 발길 담기면서 쑥쑥 길을 잘도 간다. 청청 걷고 싶어 누구와 같이, 어이 어이 밝고 가보세 청음 신사 참배하면서 곱게 곱게 나간다.

盡:

* 설혹 이룩하여 별을 얻는다면 무엇 하나 가지런히 이룩해, 세월을 천도 밝고 만인의 어두운 반면을 보는 것보다,
* 내면의 속을 보는 것은 안쪽을 보는 것을 말함이다.
* 사명이 있다면 다른 일을 맡을 때까지 일흔일곱 들을 때까지.
* **미력하지만 몸과 마음을 바쳐 전력을 다하여 그 뜻을 다 얻어 그렇게 하여 더욱 좋은 것을 알아야 된다.**
* 속자는 셈을 한다, 멸을 본다, 헷갈리게 하나, **헛말은 묘한 기운을 가지고 있으니. 그렇게 해서는 아니 되니, 문제 삼지 않게 미묘하게 벗겨 빼내어, 갖추어진 옳은 길로 반듯이 가야 하느니라.**
* 혹 마음에 들거들랑 밝은 광영으로 모진 곳으로부터 광활한 곳으로 밝은 생활 깨끗한 빛을 보게 빌거라.
* 하늘은 꼭 갈망하지만 않는다. 매우 이상적인 것, 밝고 환한 것, 실험을 싫어하고 밝고 환한 것을 좋아하니 바로 이것이 만반의 준비된 마음이다.
* 네 곱은 싫어, 얇고 어두운 발아래 있는 것은 싫어, 높고 아득한 곳, 밝고 환한 곳, 또 발아래 무수한 것 들이 바로 이렇게 저렇게 **만방에 환하게 펼쳐지는 곳, 어둠은 걷고. 밝은 광영이 있는 곳, 바로 황상이 있는 곳이다.**

* 생을 마감한 이도 있다. 희망은 꼭 마음의 등불이다. 밝고 명랑한 것이니라.

本:

* **이미 안다 하여도, 어떻게 하늘을 안다 하겠느냐?**
* 하얀 집이 어떻게 하고 있는 지을 알아야 하고, 임금은 그렇게 아주 먼 곳 하늘에 있느니라. 설혹 임금을 알아도 서로가 안다 하지 못하고 어떻게 안다 하겠느냐.
* 너는 마음으로 몸으로 역성을 들지 않고 헛말 하지 말며 속으로나 겉으로나 아는 거나 모르는 거나, 확실하지 않으면 말하지 말며 혹 이간질하는 자 있다면 헛말을 못하게 꼭 묶어, 저 밑에 미륵 앞에 안쳐 놓고 옴짝 달싹 못하게 여럿이 뭉쳐 묶어놔야 되느니라.
* 마음이 이렇게 하나같아야 되며, 어리숙하다 말하지 말고 저대로 하는 일이 있구나. 그렇게 바라보고 있노라면, 남이 보지 못할 때 그때는 한 계단 한 계단 올라갈 수 있느니라.
* 모두 다 같은 마음 일진데 헛것은 없는 거와 같으니, 이미 마음에서 떠나면 없는 거와 같다.
* 육신이 이름값을 하고자 하면 몸과 마음 똑같이 성의와 열의를 다 하여 이렇게 해보고, 저렇게 해보면 한 올 한 올 떠올려 갈 수 있다.
* 나는 이렇게 하고 너는 이렇게 한다 하여 확실하지 않으면 헛걸음만 하니, 심혈을 기울여 일을 하나하나 분 닦기는 것 없게 반듯하게 가야, 힘이 나고 보람을 찾을 수 있느니라.

* 혹자는 나쁜 일만 시킨다 하지만 어디서 나는 무엇을 하는지 보아라.
* **나도 너희들 못지않게 어지러운 세상, 안팎으로 험난한 세상 두루 밝혀가려면 혼이 나갈 지경이다. 율사는 (내가) 하는 일 보았으니 알겠구나.**
* 무릎 소망이 있어 하고자 했으면 미륵 한번 비춰보고 소리 한번 질러보고 어찌하면 좋을까. 불편하지 않게 편안하게 해줄 것이니.
* 입으로 마음으로 표현해야 웃음 꽃, 밝은 꽃 피어나도록 쓱싹, 남의 이목 보지 말고 내 입으로 내 몸으로 밝히거라.
* 처음 마음으로 했으면 모름지기 아는 만큼 조금씩 조금씩 더하지.
* 속마음 아예 잊게 하고 처음 마음 까지 가게 비지 비일 한 것까지 생각 말고 속속들이 까뒤집으면 무엇 하니.
* 인연이 아닌 것은 찾으려 하지 마라 색경에 비친 것만으로도 족하니라.
* 처음 이 마음 변치 말고 오로지 하늘에 몸과 마음을 맡기고 오늘 알고 내일을 알면 되느니라.
* 짐이 하늘에 모든 걸 탓하랴, 하지 않았으니 밑에 있을 때 성운 율사 말 듣고 떠서 올라오면 천상의 문을 잡을 수 있느니라.

天:

* 우주의 한가운데 서서 처음 웃음의 마음을 걷 다르지 않게 하며 오로지 사는 것에 열중할 때 일이 있어 그 일을 성취해야 하느니라.
* 숨 막히는 어리석은 것의 결정체이니라. 아니 그렇지 않다고 볼

수 있느냐. 웃음은 한으로 족하지 때도 시도 없이 웃음을 지으면 몸만 축나지 마음이 안정이 안 되니, 숯타래[속빈 껍데기]와 같이 되느니라.

* 움켜지려면 안정이 안 되니 확실하게 움켜잡아야, 이리도 못 가고 저리도 못 간다.
* 사물을 볼 때다. 이 말은 설혹 하늘이 입으로 말씀을 하였을 때도 안정이 안 되면 안 들은 거와 같으니, 몸과 마음을 편안히게 하고 짙은 마음 모진 마음 피하지 말고, **오직 하늘에 모자란 것 다 편안히 말씀 드리거라**.
* 우주를 셋으로 나눠 놓고 어디서부터 차지하겠니? 이 땅과 편안한 저 하늘과 숨 쉬는 맑은 공기 어떻게 하면 좋겠니? 나는 조건 없이 물과 생기를 찾겠다. 그래야 마음 편하게 먹고 생기를 찾을 수 있으니까.
* 대 명분을 잘 따져 보아야 된다고 생각이 든다. 어떤 곳에 가서 살던 입 막고 코 막고 모질게 숨 막혀 꺾기지 못하고 파르르 파르르 꺽꺽 소리를 내며 서서히 바로 땅바닥에 꺼풀어질 것이다. 이리하여 온 나한들은 누구나 물소리를 지를 것이다. 피 한 방울과 물 한 방울과 바꿀 수 있는 것이다.
* 천성은 도를 넘어서야 안에 무엇이 있는지 양면성을 가지고 있으니 그것을 따져 보면서 가득 날부터 오늘까지 천천 남보다 천미륵을 찾아서 솔직히 반경[모두 안정 되게 가는 것]을 가야지.
* 하늘은 이번 있은 일을 안으로 있다 하고, 무엇하나 거침없이 반듯하게 알려 주마. 너무나 아득한 날에 일어났느니라.
* 고추잠자리는 남자가 되였고 별거지는 여자가 되었다. 그러면

하늘은 이런 인간이 어디서 왔는가? 아득한 날에 어두운 곳에 잎이 있는데 나뭇잎에 발그레한 고추잠자리와 솜털이 나지막하게 난 검으스레한 버러지가 있는데, 이 둘을 하늘님께서 만약에 선악을 만들어 놓을까 하여 임의대로 선한 사람과 선하지 못한 사람, 홀로 가는 사람과 홀로 가지 못하는 사람 두 종류씩 사람을 만들어 놓았다.

* **신명을 아는 자는 악이 선으로 갈 수 있게 하였고 또 아집과 고집이 있는 자는 홀로 가게 하였다. 또한 속으로 이쁜 척하는 자는 악의 근성을 갖게 하였고, 참으로 마음 심을 심은 자는 천하를 웃으며 살 수 있게 하였다.**
* 우륵 사람은 내 명칭을 알아야 되느니라. 아무튼 얹어갈 것인가. 묻어갈 것인가. 또 갖추고 갈 것인가. 일을 하면서 갈 것인가.
* 입이 하나면 몸만 가야지. 떠서 가려면 속을 알아야지 이런 거야 서서 높이를 알아야지 하늘 잎은 밤나무 뜰에 몸소 파랗게 붉스레 꽃 필 때 진잎이다.
* 너희가 다음 세상을 만들어 가야 서로의 의견과 앞으로를 보면서 멸의 전에 이렇게 저렇게 하여 시작을 하야되니, 다 같은 마음으로 서로 의사를 소통하면 그렇게 하면 되느니라.
* 서로 헐뜯지 말고 속을 하나로 만들어 나쁜 기운 다 멀리 보내고 확실하게 행동으로 옮겨야 표시가 나고, 서로 의견이 조율되는 것이다.
* 이 말은 서로 이것만, 이것만 하지만 서도 하늘은 또 바로 가는 걸 원하니 바른 기운으로 서서히 바르게 등꺼풀을 배껴 가듯이 올망졸망하게 다 걷어 내야 한다.

* 사나[몸과 마음에 있는 것]는 지척에도 없고 날 적[태어날 때]에도 없다. 나는 이른 새벽에도 마음에 드는 것을 해야 되고 이렇게 처음을 알아야 되니 다른 것보다도 어느 누구나 마음에 드는 것을 걷고 가야 된다.
* **서로 다른 마음 없이 밝은 마음 성실한 생각을 단단히 하고 하늘 일을 하란 얘기다.**
* 선생이 앞에 두 분이 있다면 꼭 한 분을 따라가야 되며 이것은 이미 하늘의 도움을 받고 있음을 말함이다.
* 몸과 마음, 정신을 하늘에 맡기고 서로 위하며 세속을 멀리하고
* 속가므니[마음을 정하여 뚫고 나가는 것] 환할 때까지 일을 정리하는 것이 좋다. 힘을 길러야 한다.

一:

* **이제 내면에 있는 걸 말함이다.**
* 그렇다 내면은 바로 시작이다.
* 도력은 내면에서부터 펼쳐 나가는 것이다.
* 사흘 동안 힘을 길러 도력을 밝고 환하게 한 다음, 일을 처리한다.
* **선한 자와 악한 자는 밑바닥의 근원부터가 다르다.**
* 아무튼 몸을 건강히 해야 된다.
* 무릇 선한 마음과 악한 마음은 같이 가야 한다. 이것은 누구나 같지만 이런 마음은 악의 구렁텅이로 처넣는다.
* 운명은 알지 못하니 너무 힘쓰지 마라. 그릇 가득 가져가면 끝이다.

* 일으켜라 모두 다 같이 복을 다 주고 불평불만 하나도 없이 부려라. 내면 속은 다 못하면 끝이 아니고 무엇이냐
* 일체 안에서 너무 일찍 앞을 보지 말라, 후회가 꼭 따르니 말이다. 그러니 앞을 너무 안 보아도 그러고, 이따금씩 보면 좋은 걸.

一:

* 우주야 그러면 **삼족오를 모체로 하고 있다. 그래 삼족오는 누가 안 볼 때, 일을 확대명 솟구쳐 사심이 없게 한 가지에 집념을 다 받쳐, 똑바로 확실히 이룩하는 것이니, 그것이 삼족오 신이다.**(확대명: 의리와 삶을 하늘에 맡기고 사선을 넘나드는 것.)
* 무슨 생각이 먼저냐? 학이 부르면 가고 운무 다 겉과 속을 비우고 운무가 안 챙겨도 되니 어떻게든 하교는 부셔 도움이 안 돼 필히 성취해야 하니 그래서 하교이니라.
* 속사정 겉사정 모두 다 걷칠 것 없이 높은 마음으로 속가다 신명께서 맞기여 주었으니 하고자 하면 꿈에 신출귀몰하게 서서 진행 하는 것이니라.
* 세계 운을 믿고서 나라 운을 세우려면 속한 사명을 꼭 깊이 성취해야 하므로 서서 운명 조갈 피지[속절없이 아무것도 없는 것]. 하늘이지 그래야 믿고서 성공을 하니 일사천리로 행함이 이루어지느니, 참으로 웃어른들 꼭 땀에 보은해야 하느니.

地:

* **앞만 보면 넘어가는 걸 모르니 등 뒤와 앞도 돌아보면서 열심히 잘 넘어가면 좋겠다.**

* 두 번은 안 되니 한번 두리번 살펴보고 귀를 기울여 살펴 가야 하는데 설혹 한쪽만 보지 말고 사방팔방 우주와 땅 밑을 다 보면 좋은 걸.
* 인생이 어디 가면 좋아지겠느냐? 하늘과 들판 확고하냐? 그러면 앞으로 어떻게 할래? 시시껄렁하게 살아갈래? 임금 마음으로 살아갈래? 기왕이면 임금이 더 좋지 않겠느냐? 임금은 많은 것을 가지고 지내지만, 임금 마음은 각 처에 많은걸 두이야, 사귀고 싶을 때 사귀며, 숨고 싶을 때 숨으며, 새로운 걸 또 만들고 속속 진행하야지, 여러 우마들이 마음 곱게 편안하게, 집에서 임금 품에 마음 두고 살아가네.
* 우마가 속으로나 밖이나 서로 웃는 일이 있어도 반은 임금 반은 저 그렇게 살펴 가며 가야지.
* 그래야 삶이 윤택하지 피[살 속에 있는 마음]는 얼마나 꽃 피겠니.
* 이 말은 봄이나 겨울이 와도 같이 잊으면 아니 되느니라.
* 청운선사, 남들은 없다 하지만, 임금은 어디에 있다고 하겠느냐?
* 사실은 임금은 올라가지 못하게 하고 있으니 누구 앞에도 없는 임금일세. 난 믿지만 어리석은 후무안들은 헛소리라 하느니. 감이 오지 않아 문무맹[글을 읽지 못하는 사람]이니 그러니 삭히고 또 삭히면 되느니라.
* 앞으로는 도 단면[어디가 맞고 안 맞는 것]을 보면 아느니 이제 높은 곳에 단정히 있네, 바로 임의로 말하면 속이 아둔함을 다 깨우쳐 주려니 하늘에 한을 말하면 된다.
* 어찌 하늘이 모른다 하겠느냐. 알면 아는 것 만치 편안하느니라. 무슨 캐든지 살피고 또 살펴서, 사실 운다에게 알려서 용머

리부터 용 끝까지를 알현께 하려니 아무튼 알고 보면 복이오, 모르면 흠이니, 진상을 살펴야 되느니.

* 선사가 높다 하나 어찌 하늘만 하겠느냐. 알현하고 또 알현하여 실망함이 없게, 학[배움]을 이미 다 안다 해도 옴[무한함]은 무[마음의 크기]가 있으니, 착착 진행하여 선사의 으뜸 됨을 속속들이 알고, 성운의 많은 밥그릇처럼 큰 그릇 다 채우고서, 얕은 그릇도 채워야지 큰일을 다 할 수 있어, 가는 길이 험해도 웃으며 밝게 환하게 이쁘게 가는 너라. 이상은 우주의 많은 일을 걱정하시는 운무[우주의 많은 일을 걱정하시는 분]가 말했느니라.

一:

* 그렇다. 나쁜 일은 조금 멀리 두고, 곁에 있는 저 웃는 아이에게 소상히 알려 주면 되느니. 서로 이쪽과 저쪽이 사운을 전하면 속히 알 수 있는 이삭운[이미 안으로 깊이 파고든].
* 웃는 다른 아이도 운무 모르게 이제 확고하고서, 운무가 보통 사람이 아님을 확고히 하면 훌륭히 선택되면 모두가 알게 되느니
* 모든 삼족오는 신명과 사기 없이 마음 일체 동심 불욕 신명을 받쳐 획획 지평으로 화려하게 부활하여, 우수 갑부에 선명이시며 삭공이라 명하면 되느니.
* 어떻게 하면 되느냐 조금씩 다자하게 사귀 임명을 적어놓고서 서로 이름과 속사로 정하면 되느니.

二:

* 무슨 지략이든 해야 하는 것이다. 그러자면 운명은 사손에 있는

것이니, 사고지[기문의 피해가는 방법]는 확실히 지물과 지표를 완전히 격파하여 우리 손에 들게 하고, 그의 종족들이 거침없이 피하게 하여 우선 이기고서 석으로 이쪽에서 우면을 찍혀 방위를 보고 올가미를 만들어 움쩍 달싹 못하게 화고[방비책으로 파놓은 구덩이]를 함이로다. 이제 다음은 화고를 한쪽을 열어서 운무 하나씩 돌아 누어 뒤로 기어 앞으로 오게 하여 살펴보아야, 그렇지 않으면 앞으로 대들지. 확[금이나 구역] 보고서 가정, 많은 물과 곡식을 주어 우수하게 가르쳐 주면 이쪽을 떠받들어 확실히 하면 된다.

* 그렇게 사람을 우선 모으고 살림을 키우며 소, 말을 주면 그렇다. 서로 웃고, 좋아서 웃고, 살며 집이 있어, 포근히 잠들 수 있어, 웃고 좋아지면 더 좋아지니 큰 꿈은 다음이다.
* 누구나 이상은, 꿈 못지않게 모두 다 알고서 사는 인연을 확[금이나 구역]으로부터 일로 하여 온 인류가 신념을 바쳐서 솔직히 이루는 마음으로 모두 다 같이 열심히 확을 벗어나 편안하게 **슬픔을 잊고 밝고 명랑한 것을 우리 다 같이 누리면서 지내야 하는 것이니라.**
* 세모나도 이상은 없는 것이니 아무튼 네가 일으켜 세워야 하는데, 시간이 걸려도 다 같이 가야 하니, 신욕이 고되어도 몸이 많이 곤해도 신념으로 밟고 일어서야 하느니. 그렇다, 큰 임금이다. 다해야지 성운율사는 다할 수 있느니라.
* 남녘이다. 신들이 가면 모두 가라. 이렇게 멀리 저 멀리 지켜보면서 넓게 많은 것을 다 보고 있으니, **시작은 미미해도, 끝내는 조선이 성운의 힘으로 엄청 큰 하늘의 땅이 되려니, 그렇게 넓**

혀서 우주 한 가운데 모든 이목을 받고서, 천천세 우주네. 모두 나고 서네.

人:

* **모두 인성을 갖추고 가야 하느니,**
* 음식을 담아 어디 있는지 없는지 알아야 하며 자꾸 세월만 가면 먼 훗날 인생무상을 얘기한다.
* 인성을 얘기했다. 자꾸 문제를 야기하지 말고 있는 것을 안정돼 마음으로 가야 된다
* 실한 것만 찾는데 음식이 맛있는 것만 이겠니. 참으로 입에 있는 거도 있고, 입맛이 없는 것도 있는 것이다.
* 이쪽도 아니고 저쪽도 아니다. 나의 진면목을 보일까 무력하지 못하게 해서 일을 잘 처리해야 되는 것이다.
* 무엇인가 안과 뒤를 면밀하게 파헤쳐 이문이 되는지 아무 필요 없는지 마음에 두고, 어느 것이 더 유익한지 가름 하여 옳고 바름을 판단하여, 엮이지 않게 바로 감을 말함이다. 이렇게 **인성이란? 참고, 올바르게, 실수 없이, 인간의 참됨을 몸과 마음으로 삶을 살아가는 것이다.**

一:

* 있는 것과 없는 것이 있는데
* 모형은 안정이 우선이고 안 보고 있는 것보다 무엇이나 눈으로 보고 심한지 안정된 것인지 똑똑히 보고 감을 잡아야 일을 간결하게 갈수 있는 것이다.

* **무엇이든지 안정이다.** 힘을 안들이든 들이든 마음에 맞게 흔들림 없이 똑바로 이동 없게 눈꼽만큼도 편하게 지략을 펴 이룩해, 쉽고 빠르게 도움을 줘야 된다.

三:

* **무엇이나 한쪽으로 치우치면 안 된다.** 당연히 안 본 것만 못하니 아무도 똑같이 일률적으로 한 치도 삐뚤여지지 않게 염을 담아 곧고 바르게 행함을 말한다.
* 힘을 아주 공들여 파행으로 치닫지 못하게 일관성 있게, 하나부터 끝까지, 한 점 틀어지지 않게 일사 분란하게 이미 가던 길을 곧고 바르게 서로 양분하지 않게, 일사 분란하게 집행해야 끝이 야무지게 된다.
* 모양을 이 사람이 하던 것도 저 사람이 행하여도 변화 없게 가지런히 행해야, 보는 품이나 열이 한마와 같다.[한마: 힘들여 쌓은 것.]
* 지적은 더 힘들지만 일은 감을 감미하면 더 우수하게 진척이 따른다. 싫은 내색은 몸과 마음 길이를 무디게 한다.
* 모양이 이루어지면 똘똘 뭉쳐서 가야 으뜸이 된다.

一:

* 이놈도 저놈도 마음 불편하지 않게 해, 노임은 일한 날부터 다음이 오지 않게 보답하고, 싫어도 안 본 척 일을 질끈 눈 감아야, 힘이 되도록 구시렁구시렁 소리 내며 힘을 낸다.
* 힘껏 일을 한다. 일감을 찾아서 질적이지 않게 모여 앉아 일이

행함을 둘로 나눠 지 않게, 힘과 마음을 똘똘 뭉쳐 비난을 임의로 모양 틀을 갖추고 가야됨을 양분한다.

* 너무 한쪽에 힘이 모이는 것을 막아야 된다.

* **우로 좌로 일률적으로 다양해야 힘이 골고루 파선한다.**

積:

* 무애 지는가?

* 모든 일은 안 보고 얕은 것만 보니, [눈에 보이는 것] 어디서 시작되어 어디서 맥이 끊기는지 알 수 있겠는가. 무너지고 안 무너지고는 파헤쳐 보아야 되느니라.

* **많은 잭경을 재야 일의 질을 쉽게 알 수 있다.**[잭경: 일을 안팎으로 파악하는 것]

* 무너지지 않고 항구[오래도록 튼튼하게] 일을 끝낼 수 있게 함이다.

* 안으로 모두가 하나도 미루지 않고 열심히 힘을 기울여야 함이다. 무엇에 지치지 않고 일과 열을 다해서 희망이 생성된다.

* 닳고, 쓰고, 보다는 무너지지 않게 힘을 합해 이룩한다면 열심히 해서, 일은 또한 힘이 있게 희애로 항상 밝게 될 것이다.

* 힘들여 나누는 것보다 이루고 또 이루면서 희열을 느끼게 되느니라. 또박 또박 일으켜 세워 시비를 가려 희망을 세울 것이다.

* 무엇이나 동등해야 되느니라.

* 기쁨과 희망이 함께 하게 되느니

* 또박또박 힘을 실어야 되느니, 살림이 우선이 된다.

十:

* 누구나 마음을 놓고 돌아갈 수 있게 방으로 인도하여 일을 가르쳐 힘겨울 때 나르고, 힘을 보태 희망을 준다면 좋겠다.
* 속은 나만 알지 모두가 알면 속이 알려져서 꼬리가 없는 거와 같이 틈이 벌려 마음에 안 드는 일이 있다.
* 똑똑 두드리면 인재인가, 아니가, 어둠에서 알아보고 희망을 속에서 이리저리 찾아야 힘이 솟는다.
* 속마음을 하늘에 맞기고 은연을 두고 시시방갈[얼음같이 차가운 마음]하면서 이룩하면 똑같이 갈수 있겠다.
* 인연 되면 똑같이 가면 좋겠다.
* 운은 다음이니 인연의 마음만 일로 간다면 무애지[안 풀리는 것 없이 다 잘 풀린다]

鉅:

* **음으로 양으로 살펴야 된다.** 안 보면 안 되니 똑바로 보아야 된다. 울며 나의 마음을 동요 하려는 자도 있다.
* 웃음이 난무하는 자도 믿지 못할 자, 또한 잊을만하면 나타나는 이들도 믿으면 안 되느니라.
* 욕심을 다 버리고 흥하든 망하든 어떻게든 일구어서 힘을 똑바로 가게 지탱하여야 하느니, 희망은 꼭 감으로 일을 세며 가야 하느니.
* 이리로 또 한 번 보고, 저리로 또 한 번 보면 하야와 같은 마음으로 보듬어 가면서 편하게 가면 알 수 있다

無:

* **있으나 마나는 소용이 없다. 다 쓸모가 있어야 힘이 된다.**
* 오른 말만 하면 희망 보다 계산을 하게 된다. 안 주면 안 되니 꼭꼭 주어야 한다.
* 희소식인 듯하나, 해가 된다.
* 똑똑 떨어지는 것보다는 함구하고, 끌어가는데 희망을 불어 넣어 행복 되게 하는 것이 필요 하다.
* 엄청 남으면 똑같이 나눠져야 한다.

匱:

* 촉촉한 음지는 자리를 잡을 때, 열을 가해도 바로 일어나지 않는다.
* 흥청흥청한다고 이렇게 해보고 안 좋으면 옮기면 되지 해도, 나무 밑에 씨름을 해도 어금니와 같아, 이문이 없고 딸려만 들어간다.
* 이렇게 동이 밝고 또 안 무서우니 마음에 이쪽을 밝히는 게 전부다.
* 이렇게 반듯하게 밝히는 곳은 딴 곳에 비하면 모두 난무하는 거 온화하다.
* 씀씀이도 마음에 드는 것에 이쪽저쪽 살펴보고 흥하면 웃으며 만져보고 희망은 마음에 복을 준다.
* 이름하여 딴에는 이무럽고 이쁜게 실하게 이렇게 저렇게 해보지만, 싫은 건, 흥으로 다져지지 않는다.
* **하늘과 땅의 밝은 곳에 두어라.**

化:

* 섭섭하면 잊게 되니 모두 하늘을 이치에 윗분으로 해, 시방하면 어떻고 아무 탈 없이 훗날 하면 어떻고 일의 순서를 상의하면 힘들지 않게 이룩해 희망이 솟게 될 것이다
* 똑똑 안달한다고 확 풀어지는 건 아니다.
* 좁은 마음 이룩하고자 선행하는 마음으로 접지점을 꽂고 희망을 가지면 실타래 풀리듯 희망을 가질 수 있다.

三:

* 마음을 실컷 두고 모두 다 안주고 따로 꽁꽁 싸두면 실망을 한다.
* 그러므로 **나는 인간미가 있는 걸 원한다**.
* 모순도 똑같이 반대 하지 않게 이문을 나눠 간다면 얼굴 안에 희망을 서로 보지 않겠느냐
* 아무튼 똑똑한 이들은 탐하지 않고, 옳고 바르게 희망이 싹트게 이문을 따지면서 쉽게 다스려 가보자구나.
* 복을 하나로 하지만 그 끝에는 애로가 있는 것으로 모두 똑같이 반듯하게 해주면 좋겠다.
* 난 마음 불편한 것 보다 이무롭고 흥겨우며, 밝게 살펴간다면 이보다 더 나은 게 무엇이더냐.

天:

* 참으로 얻는 게 많다.
* 두 분 하늘이 이쁘고 고와서 조금 더 이무로우면 밖에서 환한 빛이 안으로 비출거니.

* 소문 소문 해도 나툴 때마다 인산인해로 발치에 어른들이 휘휘 들어 희망을 얘기해도 마음은 불편한걸, 힘으로 밀고, 깨끗하게 어진이로 희망을 준다면 실수 없이 힘이 샘솟는 걸 다 본다.
* 이 마음은 속속 정감 있게 힘으로 마음으로 힘겹게 온돌방처럼 온화 하게 입에서 입으로 속을 이야기 하니. 수저를 들고 놓고 할 적마다 이눅 들지 않고, 안쪽에서 이쁜 마음 밝혀서 희망을 주니, **하늘은 부지런 했으면 좋겠다.**

二:

* 아리아리하지만 이건 되고, 이건 아니고, 불편하지 않게 일을 피하지 말고, 이쪽저쪽 바깥쪽 이렇게 안팎으로 훑어보고 꼭꼭 맞게 싫은 건 싫고, 반듯한 것도 알현하여 이룩하고 희망을 가지면, 힘이 생긴다.
* 꼭꼭 일이 되게 하여 시시비비를 가려 힘들지 않게 지치지 않게 나는 더불어 일으켜 세워 가면 좋겠다.

三:

* 모든 일에는 위아래가 있는데, 위는 어디서부터 어디까지 일의 흐름을 파악하고, 막힘이 없고 훑어보아 시원하게 이리 저리 잘 정리 된 것처럼 일률적으로 돼야지, 지치지 않고 안보면 아니 되니 일은 여럿이 힘닿는 데까지 시시비비를 가리게 하면서 진행하여야 된다.
* 마음에 들거들랑 다독거려 주고 힘을 주어야 하느니라. 그래야 희망이 샘솟는다. 싫은 건, 안하고, 똑 같이 편한 건 하려 하니,

힘이나 안배하여 골고루 배치하여야 한다.

* 하루 종일 5줄 하는 이, 또한 7줄을 하는 이와 차이가 있을 줄 안다. 그래서 힘을 분배해야 된다.
* 요땅해서 한쪽은 먼저하고 한쪽은 늦게 하면 아니 되니, 희망을 가지고 똑같이 가면 이만치 희망을 골고루 분배함을 얘기 했다.

地:

* 요것이 심하면 이것도 힘나게 일을 해야 한다.
* 나중에 어디에서 끝이 나고 어디서 마무리 하는지 보아야 한다.
* 일이 닥치면 어디서든 희망을 가지고 무서움 없이 달려들어 헤쳐 나갈 힘을 써야지.
* 처음부터 두 번이 아니고 일률적으로 표시 나게 끝까지 안정되게 잘 치워 간다면 좋겠다.
* 시작과 끝이 모나지 않게 실컷 했는데, 아구가 안 맞으면 힘이 빠지니, 힘을 다해 헤쳐 나가면 좋겠다.
* 마음에 들면 밥 많이 먹고 힘써서 마침을 이쁘게 말로 알려 줘야 힘이 난다. 말을 하고 또 하면 힘들어 한다. 일을 마무리 할 수 있게 해야 된다. 반듯하게 해야 희망이 샘솟는다. 지쳐도 나중에 빛이 된다.

二:

* **힘을 골고루 쓰게 해야 된다.**
* 희망을 골고루 갖게 해양된다.
* 획획 날렵하게 지나가면, 얻는 것 보다 나중에 시시비비가 많이

생긴다.

* 모두가 안정되게 획을 그어, 힘을 양분해서 일을 이렇게 하라고 차비 한대로 희망을 주어 해결해 가야된다.
* 솔솔 해나가도 나중에 차질이 생겨 날수 있으니 희망을 가지고 힘이 들어도 헤쳐 나가야 목전에 이룰 수 있다.
* 난해한 일이 목전에 이루면 둘로 나누지 말고, 획을 그어 일구어 나간다면 어렵지 않게 일구어 나갈 수 있다.
* 힘들어도 남이 두 번 지면 나도 두 번 짊어져야지 희망이 있고, 희망찬 일을 멋으로 알고 해낼 수 있다.

三:

* 마음에 금을 그어야 된다, 그만치 힘들다
* 마음에 들거들랑 희망을 가지고 행하라.
* 10명이 할까. 20명이 할까 생각 해둔다. 일하기 전 맞은 인원을 책정하라. 일을 해보고 하는 것 보다는 알아서 편성해야 골고루 배치하고 지치지 않게 잘 배치해야 된다.
* **똑똑해도 한 두 번은 실수를 하게 되니 희망을 갖고 일을 나열해야 된다.** 모두가 날 보고하니 같이 따라한다. 희망이 없는 자도 용서하고 따르도록 훈련해야 된다.

人:

* **잘 사귀어야 한다.**
* 잘잘못을 따져서 힘을 골고루 배치해야 된다.
* 일은 다 갖추고 가야 하니 한조씩 줄을 짜야 한다.

* 힘 있는 청춘, 고만고만한 이, 고루 배치해서 한쪽으로 딸리지 않게 해야 희망이 있다.
* 도발하는 이 없게 희망을 주고 똑같이 일률적으로 분배해서 배치한다. 또한 같은 마음에 드는 사람과 일을 하게 배치하면 힘이 덜 든다.
* 똑 같이 양분하여 일이 진행되면 어려움이 없 진행 된다.
* 일이 끝난 후 마음에 들면 차하군, 하고 희망을 주면 똘똘 뭉친다.
* 똘똘 뭉치면 일끝이 깨끗하다.
* 많은 일을 혁혁하게 하면 웃음으로 답해준다.

二:

* **잘 살고, 못 살고 이다.**
* 말로만 하지 말고 행동으로 옮겨야 한다.
* 잊어버리는 말보다 행동으로 해라.
* 나중엔 하나씩 똑똑 떨어져 희망 살려간다. 흙도 나누어야 한다.
* 내 것보다 네 것이 더 커 보인다.
* 염원을 담아 힘 있게 파헤쳐 나가라.
* 소유하는 땅에 쓸 만치 내 정성을 담아야 희망이 싹튼다.
* 날마다 희망을 쏟으면 쏠쏠하게 소출이 생긴다.
* 마음에 들어 바깥출입할 때 어깨에 힘이 생긴다.
* 똑똑 떨어져 남보다, 많이 소출이 생겨야 흐뭇하다.
* 똑바로 살면 무엇이든지 다 만지며 살 수 있다.

三:

* 얼룩이 없고 풍성하여, 남보다 더 낫다.
* 다 잘 살아야 되지만 힘이 더 있으면 좋다.
* 포만감 있게 여럿이 다 갖추고 가면 좋다.
* 올라가면 나가는 것보다 쌓인 것이 많다.
* 일을 희망차게 해나간다.
* 마음에 찰 때까지 하늘 끝까지 쌓고 싶다.
* 나중엔 손발 쭉 뻗고 쉬고 쉽다.
* 요리가도 대문 저리 가도 대문 큰 저택에 살고 싶다.
* 오른쪽 아래쪽 여기서 다 보이게 살려놓고 희망차게 잘 살아보고 싶다.
* 이런 가문 오래오래 지탱하고 싶다.

大:

* 착하게 우러러 오르고 올라 보고 싶다.[옳고 바르게 오르고 싶다]
* 하늘 뜻을 피우고 희망차게 새롭게 힘으로 다 지키고 싶다.
* 끝없이 여기서 나는 잘하고 싶다.
* 어디나 나열해서 힘을 많이 쌓아 두고 형제지간에 살고 싶다.
* 마음 곱고 편하게 모두가 나누면서 희망찬 삶을 생각하며 살아야 한다.
* 날마다 힘이 생겨 온고신이 편하게 바라보면 좋겠다.
* 확 내지르지 말고 내 모습부터 더 나은 걸 추구하면 좋다.
* 꾸준히 날마다 생각하고 조금 더 조금 더 희망을 갖는다.
* 많은 독은 살림에 밑천이 된다.

三:

* 위로나 아래로나 반듯해야 된다. 올라갈 수 있는 데까지 가라.
* 이틀이든 삼일이든 끝까지 가라.
* 위로 다 몰려 들 때까지 가라.
* 위에 모이면 인원 파악을 해라.
* 인솔자를 정하고 일할 사람과 몸이 아픈 자 뽑아 나눈다.
* 여럿이 힘차게 힘을 모아서 확고하게 기반 틀어, 성을 쌓이리.
* 망대를 만들어 어디서 어떻게 움직이나. 밖을 보아라.
* 지리를 안전하게 익혀라.
* 5~6명씩 짝을 지어 울타리를 지켜라.
* 위로나 아래로도 안정하게 된다.

合:

* 꼭꼭 묶임으로 나들이할 때 빈틈이 없다.
* 마을로 들어가 힘을 함께 쓸 때도
* 또 하고자 하는 일도 마무리 할 수 있다.
* 옹기종기 마을 입구에서 여기서 일어나는 일을 여러 명을 연결 할 수 있다. 한 번에 아래부터 위까지 연락 할 수 있다.
* 이치에 맞게 위아래로 연결이 된다.
* 소식이 통하면 무슨 일이 있나 알 수가 있다.

六:

* 모두가 굶지 않게 어떤 일이나 나누어 하고
* 또 마른입에 풀칠하게 일찍부터 이것도 해보고, 힘이 되는 일을

향해 엄동설한도 지치지 않게 지낼 수 있다.

* 어떻게든지 나누어 먹게 미리 미리 살피고 생명을 있은 일을 해야 한다. 씨 한 톨도 나누어 심고 열심히 씨앗을 뿌려 이른 새벽부터 양지 바른 곳에 뿌려 야무지게 알곡을 거두어 들려야 희망이 있다.
* 마을에 씨앗을 나누어 주어 씨를 골고루 배분하여 얼어 죽지 않게 하고 열심히 길러서 여러 명이 걱정 없이 마음 편하게 힘을 기르는데 모두가 같이 하면 좋다.

生:

* **혼자는 안 되니 집단으로 힘을 써서, 이놈 저놈 행복 찾아 희망을 갖고, 시련을 이겨야 한다.**
* 찬 이슬 피하게 몸과 마음이 기댈 수 있는 작은 집을 내분 없게 알현해야 이집 저집 지어 줄 것이다.
* 홀로가 아니고 모두가 같이 가야 하니 이렇게 또아리를 틀듯 우리를 집 한가운데 두고 안정 찾아 행복해야 된다.
* 안사람[여자]을 주고 지지 않게 정해 준다.
* 모든 인연이, 예감을 주어 다정다감해야 한다.
* 시련이 다 걷어지고 희망이 샘솟는다.
* 부모 자식이 있어 안정을 되찾는다.

七: **나중에 저절로 힘이 모인다.**

* 홀로가 아니므로 힘이 솟는다.
* 힘을 쏙쏙 뽑아 나누어 쓸 수 있다

* 여러 명이 나눠 힘을 쓸 수 있다.
* 집에서 인원을 차출해야 힘이 된다.
* 봄부터 힘을 합쳐 가을까지 행 할 수 있다.
* 혼자보다는 마을 전체에 힘이 많이 된다.
* 모든 일은 밤에 만나 하고자 하는 일을 상의한다.
* 다음날을 상의하니 모두 희망이 있다.
* 무엇이든 안 되는 일이 없다.

八: 여러 신나는 일을 마음에 두고 행하여야 한다.

* 공공연히 얘기를 나누어서 이렇게 저렇게 일의 선후를 이야기 해야 한다.
* 일을 다 하면 곡물은 골고루 나눠먹고 안 받는 이 없게 나눠 주어야 한다. 공이 다 같이 돌아가게 해야 한다.
* 이젠 노력이다, 공을 많이 들인 자에게 마음을 더 주어야 한다.
* 곡식이 익으면 따서 더 주어야 한다.
* 더불어 힘이 배가 된다.

九: 많은 인연을 말함이다

* 많은 일을 하면 가족이 먹고살게 국물이라도 더 주어 힘이 되게 하고, 농토를 더 경작하게 열심히 살게 해준다.
* 지치지 않게 열심히 경작하여, 가을에 추수를 많이 하여 결과를 나눠준다.
* 대지에서 이것저것 많이 거두어들인다. 소추가 많이 되면 가정이 안정된다. 무조건 집안이 안정이 되어야 한다.

* 즐거움은 날마다 열성으로 일을 하게 한다.
* 이문이 따르면 집집마다, 도란도란 흥겨워 한다,
* 모순은 안 통한다. 가실에 각자 집으로 거두어 들여가는 걸 보면 알 수 있다. 이만치 밥을 먹을 수 있다.

運: 무엇이 있나 둘러 봐야 한다.

* 동에서 서쪽으로 북에서 남쪽으로 파악해 보고, 시방해야 할 일이 무엇인지 즉시 할 일인지 아닌지, 회의를 통하여 심도 있게 알려야 한다.
* 곧 나르고 심고 가을 추수까지 일을 해야 희망이 되면, 힘들어도 행한다.
* 나는 두 배로 일을 해서 남보다 많이 받는다.
* 일을 더하고자 하는 자, 힘이 남는 자에게 텃밭을 주어[봄에 나눠 주는 게 좋다]
* 부지런한 자 덕으로 알고 덤으로 비답을 더 주어서 희망을 줘야 한다.
* 일한 것 만치 더 주니 편안하다.
* 더욱 일을 많이 하니 소추가 일어난다.

三:

* 그냥 두면 높은 놈, 낮은 놈이 있다.
* 일을 나눠 주고 일 잘 하는 자에게 조금 더 땅을 줘야 한다, 행복을 줘야 한다.
* 야무진 이들은 더욱 일을 잘 해나간다.

* 모두가 안정 되게 헤쳐 나간다.
* 풀로 연명하는 때가 지나간다.
* 몸에 힘이 생기고 이빨이 야물어진다.
* 남보다 내 힘을 더 믿는다.
* 일을 하면 날마다 힘이 솟아 희망이 생긴다.
* 나중에 똑똑히 소신을 밝힌다.
* 일 부리기 힘들므로 안하무인은 토지를 거두어 걱정 없이 살게 한다.
* 이쪽 마음을 따르게 해야 좋다.

四: 오르나 내리나 안정이다.

* 인연을 떼 내지 말라. 힘이 좋으면 힘닿는 대로, 이것이 참 인연이다.
* 육식은 힘이 되니 한 번씩 때에 줘라.
* 그러면 모두가 힘든 걸 말없이 행동으로 옮긴다.
* 힘이 마을 구석구석까지 스며든다.
* 나중에 힘겨운 것도 다 곁들여 해낸다.
* 단단한 힘을 모두에게 심어 줘야 한다.
* 참으로 인간들은 다독여 주어야 한다.
* 힘이 센 사람이 나 좀 써 줘요 하는 사람이 나온다.
* 우물가에 이 이야기 저 이야기로 웃어 피운다.
* 인간들의 마음의 등불이다.

成: 육식은 간을 빼주게 한다.

* **오로지 실한 것만 찾게 한다.**
* 밤에 나와 힘닿는 대로 이놈 저놈 찾으러 다닌다.
* 낮에 보아 두었다가 나 몰라라 확 힘으로 치부하려 행한다.
* 위로 양 많은 걸 찾아 항의를 하려 한다.
* 울안에 힘이 되는 집은 힘센 소를 풀 먹이고 물 먹여 이집 저집 기르려 한다.
* 힘이 날로 번성하려 한다.
* 약한 자도 희망을 줘야 힘을 쏟는다.
* 초지에서 많이 먹고 돼지 소를 힘이 들어도 살을 찌우도록 장려한다. 확실히 희망이 생긴다.
* 모두들 날마다 힘이 샘솟는다.
* 야물고 지치지 않게 희망을 준다.
* 다른 곳에서도 업으로 하게 한다.

環: 어디가 안 좋은지 시치미 떼고 살펴야 한다.

* 이렇게 했을 때 어떠하고, 안 했을 때는 어떠한지 살펴야 현실을 극복할 수 있다.
* 둘을 놓고 이렇게 해보고 저렇게 해보라 하여, 희망이 작은 것하고 힘이 되는 것하고 둘 중에 하나를 선택한다.
* 남은 것은 더불어 먹게 한다.
* 남지 않은 것에는 일을 연결 시켜야 한다.
* 싫어해도 반듯이 먹고살게 해야 한다.
* 시련을 다 걷고 나면 환한 웃음이 희망이 되어 밝히게 되려니.

五:

* **두 마음은 항상 한마음으로 해야 하느니.**
* 힘이 나뉘지 않게 해야 하느니.
* 마음을 똑 같이 가야 하느니.
* 왕창 실고 들어오게 하고, 그르치지 않게 열성으로 가르쳐야 하느니
* 무너지지 않고 다 같이 힘이 뭉쳐야 하느니.
* 투정 부리는 자 마음을 긁어주어 희망을 주란 말이다.
* 그늘에 있는 자 희망을 주어 열심히 행복하게 기쁨을 줘야지.
* 부지런하면 얻는 게 많은 걸 알려 줘야 한다.
* 남보다 힘이 들어도 안정이 빨리 된다. 힘으로 일을 많이 해라.

七: 이렇게 저렇게 일을 해봐서 힘이 골고루 안쪽 까지 펴지게 한다.

* 여러 명이 일을 하면 힘이 들던 것처럼 나머지 일까지 처리를 깨끗이, 희망 있어 행복해한다.
* 일을 서로 알고 분배하면 힘이 덜 든다.
* 맛을 이렇게 들이면 시답 일을 해치우고 하루 일을 더할 수 있는 행동을 하는데, 따로 뽑아 형용할 수 있게 웃게 해준다.
* 마음에 질척임이 없게 해준다.
* 어떻게든 일에 도움이 되게 하라.
* 숱한 일 해보고 좋은 점을 모두에게, 기를 쓰고 알려 생활에 보탬이 되게 희망을 줘야 한다.

一: 순서를 정하고 행하라.

* 숫제 이놈 저놈 다 알려 줘라.
* 모두가 알게 해야 어둠이 없다.
* 쏙쏙 알게 되면서 희망이 생긴다.
* 마음에 짐을 던져 희망이 생긴다.
* 힘든 일이 날마다 있는 것이 아니다.
* 모두가 지치지 않게 해야 한다.
* 이틀이 아니고 하루 일만 줘라
* 일이 끝나면 마음에 짐을 지우지 마라.
* 항상 희망을 줘야 한다.

妙: 안쓰러워하면 안 된다.

* **숨은 마음, 밖으로 표출하지 마라.**
* 표시하면 파행을 겪을 수 있다.
* 순전히 나에게 있다.
* 속마음을 알리려 하지 마라.
* 팔난이 시작되면 동 크게 뜨고 서로 망을 보아야 한다.
* 어떻게든지 날 보고 살게 해야 한다.
* 서로의 답은 오로지 하늘에 있다.
* 안 죽어도 마음이 밝히 못하니, 시끄러운 것, 그르치는 것도 딱 끊어서 이렇게 저렇게 획을 그어 형성한다. 흉한 것은 발꿈치에 두고 어떻게 하나 두고 보고, 이득이 되게 하면 된다.

衍: 오로지 안 찾은 것 없이 모두 찾는다.

* 이렇게 생각하고 저렇게 생각하며

* 뚱딴지같이 있지 말고 희망을 가지고, 무게 있게 이쪽저쪽 하늘 땅 모두 다 대동하여 방편을 생각한다.
* 모두가 안정을 생각하면 희망이 있나 타진하여 생각하고 행동하여 선행의 결과를 보고, 모두 함께 신명들과 힘을 내 일찍 얇은 생각을 행동으로 옮겨 환한 결과를 얻게 희망을 걸어라.
* 모습을 보고 실랑이를 찾아 해와 달[어둠과 밝음]빗대요, 이런 것 저런 것 해보면 많은 긴 이니이도 혹 가다가 횡재할 수 있게 되지.
* 밝은 데서 할 때 일을 극대화하는 방법을 생각하고 염원을 담아 만들고 써보면서 확실히 안정되고 편안하게 도구를 만들 수 있느니라.
* 남은 것보다 더 높은 곳을 향하여 이치에 맞게 힘차게 만들어 간다면 궁도 착착 진행하면 나무만 있으면 뭐가 안 되겠는가. 아무튼 희망을 가지고 열의를 보이면 꼭 좋은 성과를 얻느니라.
* 그동안 빼 버린 것도 찬찬히 생각하며 어둠은 없나, 혁신을 돌이켜 보는데 의외로 나오는 것이 있느니라.

萬:

* 모든 것 다 이루고 쓰고 남게, 없어 지지 않게 시작했으면 끝까지 해보고 야무지게 쓰게 관리를 잘해야 한다.
* 쓰는 동안 힘들게 했든 부분을 생각하고 다 같이 쓰게 연구하고 수정해야 한다.
* 항상 맥을 잘 짚어 형편에 따라 행동할 때, 일의 흐름을 끊어지지 않게 요소요소에 적응하여 후딱 해 보이면, 모두가 영접하여

업적내서 도움 됨을 우러러본다.

* 고이 넘어서 정하려면 끝을 봐야 또 좋은 의견과 생각이 나와 마음에 드는 기구를 만들 수 있다.
* **복은 남의 복보다 내 복이 그중 큰 것이다.**
* **나를 위해 깊이 생각해야 된다.**
* **된다하면 끝에 가서 되는 것이다.**

往: 인격을 존중해 줘라.

* **셈을 했으면 왜 이런 내용이 나왔는지 듣고 흔쾌히 인정해 줘라.**
* 싫어하기 전에 속을 다 알아내서 이놈이 왜 이렇게 싫어하는지 속을 알아야 힘 안 들이고 파악할 수 있다.
* 집을 생각하게 해서 이쪽저쪽 선택하게 한다.
* 소리 소문 없이 움직임을 간파하여, 내 문안에 있게 한다.
* 안 들어도 들은 것처럼 얘기해서 모두가 같이 행동하게 한다.
* 속마음을 남에게 주지 않게 지목을 다하게 한다.
* 똑똑히 아래부터 알아듣게 지시한다.
* 신념을 가지면 가증스러운 일이 안 일어난다.
* **항상 가문, 가족을 잊지 않게 한다.**
* 또 하늘이 다 받쳐줌을 얘기한다.
* **똑똑함 놈을 밑에 두어 일의 선봉에 세운다.**

萬: 여럿이 싫은 것은 너도 나도 안 하려 한다.

* 실적이 저조해도 격려를 아끼지 마라. 일을 서둘러 망치게 한다.

* 이렇게 하면 된다, 얘기해 줘라.
* 원만하게 뜻을 이룰 수 있다.
* 마음에 흡족하지 않아도 임의로 바짝 조이게 같이 움직이면 희망이 있다.
* 돈독한 사이는 내 주머니 것도 내주게 한다.
* 자지라지 않게 한다.

來: 지적한 것은 언제나 안정되게

* 설혹 이거 다 해도 일이 되게 해야 된다. 실실 안 하는 것 같아도 아래에서 위까지 이루어지게 획을 그어 생각하고 실천한다.
* 그러면 나는 어떻게 하고 너는 어떻게 해라 그렇게 의견 조율을 하여 일이 되게 한다.
* 차질이 있으면 안 되니 모든 걸 집중해야 한다.
* 착착 일이 진행되게 금을 그어서 요기서 어디까지 정해놓고 하면 열심히 한다.
* 없는 것과 있는 것은 차이가 있다.
* 어울려서 횡과 종을 그어서 이렇게 하고 저렇게 하면 안 되는 것이 없다. 무엇이나 정해 놓고 하면 진행이 홀가분하다.

用: 한곳에 집중하여 힘을 키워 이룩하는 것을 말한다.

* 쏙 나타나면 좋지만 어느 누가 내가 한다 하겠는가, 나 몰라라 하지. 똘똘한 자 불러서, 이것을 할 것을 말하고, 인원을 한 명씩 붙여서 지형 상황을 보고 추가 인원을 결정하여 희망이 싹트게 하여 완성하게 한다.

* 무리하게 진행하면 염려하는 일이 발생하여 진행에 차질이 생기면 힘이 빠지고 늦어지니, 비위를 맞춰주고 요것까지 하고, 육류를 먹고 일을 하자고 챙겨 주면 힘을 낸다.

變: 나는 된다.

* 이런 모든 것, 흘러가도 안정되고 또 이루고 남아, 마음먹으면.
* 높은 마당에 힘닿는 데까지 높이 올려 못 움직이게 희망을 쌓아두고 바라보련다.
* 소리 소문내지 말고 우리 안 먹을 것은 안정된 곳 이첩하여 보관한다.
* 날마다 두지[쌀 창고]에 힘을 받아야 희망이 샘솟는다.

不:

* **마**[일을 허술하게 하는 사람]**와 같이 의논 하면 일을 알게 했다가, 일을 그르쳐 희망이 없고 속마음에 큰 타격을 받는다.**
* 있는 것처럼 했다가 없는 것이니.
* 끈기 있게 내주지 않아야 된다.
* 개죽음 당하여 끈을 놓을 수 있다.
* 서서히 끈을 놓아 식음 전폐하고 힘들어 꿈을 포기 하게 된다.

動:

* 말이 있지 힘들어 일을 안 하면 먹지도 마라.
* 남들은 나가서 힘을 기울이는데 일 안하고 몸만 챙기며 쉬엄쉬엄 농땡이 치면 물이나 먹을까.

* 일해라. 농사짓는 걸, 하늘은 먹고 사는 거라고 했는데, 흉년에 일 안하면 어찌 살려 하느냐.
* 무너지지 않으려면 모질게 심혈을 기울려 내 집을 지켜 하루 이틀이 아니라 숱한 나날을 무너지지 않게 지켜야 하느니.

本:

* 겉 보다는 안을 튼튼히 히게 잘 씨두어야 힌다.
* 지금은 아니어도 좀 더 두고 보면 무엇이 아닌지 긴지 알 수가 있다.
* 무너지지 않으려면 안착이 잘 되여야 한다.
* 기본이 잘 되려면 많은 힘을 드려야 한다.
* 이쪽저쪽 연줄이 이어져야 한다.

本: 무너지지 않아야 된다.

* **물러남이 없어야 한다.**
* 모두 안중에 두고 흐름을 파악한다.
* 막힘이 없게 바르게 세운다.
* 4명씩 짝을 지어 바르게 지키게 한다.
* 시시각각으로 흐름을 알아야 한다.
* 잠을 자지 않고 멀리 움직임까지 알아야 한다.
* 마음 놓고 쉴 수가 있다.

心:

* **소용돌이가 어떤 마음에서 일어나는가를 보아야 한다.**

* 지조가 있네, 없네 하여도 까탈을 부리면 응어리가 생기는데, 하고픈 말만 하면 좋겠다.
* 무너지지 않은 마음으로 하나를 알고 가는 것이다.
* 웅크리는 것은 안 좋은 것이니 편안한 마음이 중요 한 것이다.

本:

* **나열하여 보는 것이다.**
* 또박 또박 나열하여 보는 것이다.
* 여력이 되면 한눈에 볼 수 있게 하여야 된다.
* 양을 다 갖추고 가야 한다.

太:

* **마음에 들거들랑 모두 가져라.**
* 높은 곳에 안정 되게 앉아 이문이 있나 없나 확실히 보고 파악 한다.
* 관음이 높은 곳에 앉아서 이곳의 이문이 있나 손에 쥐는 것을 보고 있다.

陽:

* **거두어 들어오는 걸 말하는 것이다. 오만 가지를 비축하는 것이다.**
* 겉으로는 없는 것 같으나 안으로는 누구보다 더 많이 쌓아야 된다.
* 누구보다 나아야, 있는 거 없는 거 갖추고 간다.
* 인연 따라 다 거두어들여 같이 가야 한다.
* 한 가지씩 한 가지씩 해나가야 한다.

* 나랏일을 해야 하니 다 같이 해야 한다.

昻:

* **무너지지 않아야 된다.**
* 망하지 않아야 되며, 두 번이 아니라, 한 번도 소홀히 하면 안 된다.
* 두리 뭉실은 안 되고 한 번에 바르게 가야 된다.
* 마음에 들게 거짓이면 안 묻는 게 났다.
* 감으로 처리하려면 어른께 말씀드리고 바로 집행하는 게 났다.

明:

* **옳고 그름을 가름하여야 한다.**
* 과찬이 있어도 안 된다.
* 무너지지 않게 안으로 보고 잘 흘러가게 한다.
* 보기 싫어도 끝까지 보아야 한다.
* 살피는 것이 일이므로 참으로 잘 자리 잡게 해야 한다.
* 요런 건 이렇게 보이고 조런 것은 저렇게 보이는 것이니 흐트러지면 큰일이다.
* 안정되도록 싫은 건 더 잘 보아야 된다.

人:

* 두지 안쪽을 잘 지켜라.
* **다 같이 자리 잡게 하여 바르게 보고 지키게 한다.**
* 똑똑히 보고 제자리를 지킨다.

* 내지르라고 할 때까지 함구하고 있어야 한다.
* 한 모습이 돼요 똑같이 움직여야 한다.
* **한마디로 무너지지 않게 하여야 한다.**

中:

* 무한정 있는 것이 아니다.
* **하늘아 있는 그대로 받아드려야.**
* 무한정 일으켜 세워야 하느니라.
* 꽂고 또 꽂고 뒤지지 않게 세워라.
* 끝만 아니면 계속 진행하여라.
* 앞으로 있는 일은 모두 받아 드려라
* 안개 피는 곳까지 계속 가야 한다.
* 목까지 차도록 해라.

天:

* **으뜸을 말함이다**
* 많은 것 중에 그중이니 보면 남이 부러워한다.
* 우주를 다해도 어디에도 비길 때 없는 것.
* 바르고 섬세함이 으뜸이다.
* 한마디로 모순이 없고 편안하다.
* 하늘에 있다.

地:

* 어떻게 하여 갖추고 가는가.

* 겉모양으로 안 되는 것이다.
* 속도 검고, 겉도 검으면 안 되는 것이다.
* 한마디로 묶어놓으면 안 편하다.
* 내가 원하면 네가 원하는 거와 같아야 한다.
* 누구나 머무르는 곳에서 편하게 가길 원한다.
* 없는 인연도 다 함께 가야 한다.
* 마음 구석구석 꽃이 피어야 된다.

一:

* **목숨과 맞바꿀 수가 있어야 한다.**
* 있으면 있고 없으면 없다.
* 목숨이 촌각에 달려도, 있음을 지켜라.
* 무엇이 이득 인가 알고 지켜라.
* 목적을 이룰 때까지 끝까지 지켜라.
* 하나 둘 안이니 다 지켜라.
* 아들은 아내 보다 나으니 끝물이려니 그보다 나은 건 없다.
* 한 솥의 아래를 잘 지켜야 하느니.

一:

* **막힘없이 뚫고 나가라.**
* 무너짐이 없게 하라.
* 아무도 안 할 때 일을 해내게나.
* 실컷 해 보고 나면, 또 시작하는 이가 있느니라.
* 그렇게 되면 나는 해를 보게 된다.

* 마을은 없는 것보다 있는 것이 낫지만 이쪽도 안 보게 해라
* **마음을 들키지 않게 해라.**

終:

* 낮추고 보자.
* 무너지지 않은가 보아야 된다.
* **일을 해 두고 나중까지 가는지 두고 봐야 한다.**
* 일의 뜻을 항시 놔둬야 된다.
* 내가 파묻혀도 나중까지 가게 두어야 한다.
* 두고두고 흘러가야 한다.
* **또박 또박 글로 남기면 좋다.**
* 흘러 흘러 새로운 것이 나온다.

無:

* **현실도 아니고 나중도 아니다. 하루에 지금이 중요하다.**
* 일을 일으켜 나가야 한다. 나중은 없고 오직 오늘만 있다.
* 한마디로 감이 있는가. 없는가.
* **이만치 하늘은 누구에게나 안 준다. 마음 두둑하게 이루고 싶어 하는 자 그에게 일구어 가라고 명한다.**

終:

* 있으나 마나다.
* 가벼운 것, 떠도는 무리는 안 된다.
* 마음에 들면 이렇게도 저렇게도 다해 보아라.

* **이 세상은 여기서 다 끝나는 게 아니다.**
* 가끔씩 있다가도 없다가도 하니 없어지지 않게 모두 잘 가게 하여라. 가슴에 있는 것만 보지 말고 다른 것도 보아라.

一:

* **차근차근히 하나하나 챙겨 보아라.**
* 보면 아기자기한 면이 있다.
* 안타까워 잘 보호하려 한다.
* 마음을 두고 양면을 보면 숨은 복이 있다.
* 똑똑한 면, 바른 면, 의미로 만든 면, 잘 생기고, 못생기고 있다
* 반반하면 더 좋다.

[저자 약력]

雲山 이 대 진

1956년, 부산에서 태어나, 부산고등학교, 부산대학교에서 수학하였다. 1991년 3월부터 경일대학교 경영학부 교수로 시작하여 32년간 재직하다 2022년 8월 31일 퇴직하였다.
경일대학교에서 대학원 박사과정과 최고경영자 과정을 개설하여, 제자 기르기에 전념하였으며, 경일대학교에서 대학교육개발원장, 평생교육원장, 평생교육체제지원 사업단 단장, 미래융합대학장을 역임하였다. 평생교육 진흥에 대한 공로로 교육부장관상을 받았다.
재직 중에, 엑셀 경영과학(2015), 현대경영통계(3판, 2017), 세상을 보는 눈, 통계(2022), 조직 효율성 진단과 평가-DEA & AHP(2022) 등의 저서를 집필하였다.
어려서 불교, 기독교와 함께 하였으며, 나이 들어 한때 증산도에 적을 둔 적이 있으나 그만두고, 다시 불교와 연을 맺어 기도하면서, 스님의 인도로 성운율시를 만나 깊은 인연을 맺었다.
이후 성운율사로부터 천부경 말씀을 전해 듣고, 이 책을 집필하였다.
雲山은 크게 움직이는 사람이라는 뜻을 담고 있으며, 천상천주님께서 내려주신 명호이다.
저자나 성운율사께 연락하려는 분은 성운율사의 제자 스님인 보타사 주지 대공 스님(010-7254-2358)께로 연락하시면 된다. 대공 스님의 대공 명호는 참 아리아와 같다고 하시고, 온달이라 무엇이든 맡기면 다 한다는 의미가 있다고, 우주대황제께서 밝혀주셨다.

온 인류에게 천부경의 비밀을 처음으로 공개한다!

초판 발행 2022년 11월 30일

지은이 이대진
펴낸이 박노일

총괄기획 최준규
편 집 이상민

펴낸곳 pnc publishing and culture 피엔씨미디어
경기도 고양시 일산동구 강송로 153 310-1501
등록 제396-2012-000203호
전 화 070)7550-3758 팩 스 02)718-8554
홈페이지 www.pncmedia.co.kr 이메일 pnc@pncmedia.co.kr
ISBN 979-11-5730-849-1 03150

정 가 15,000원